書く・読む・聞く・話す フランス語 1

井上美穂
Florence Yoko SUDRE

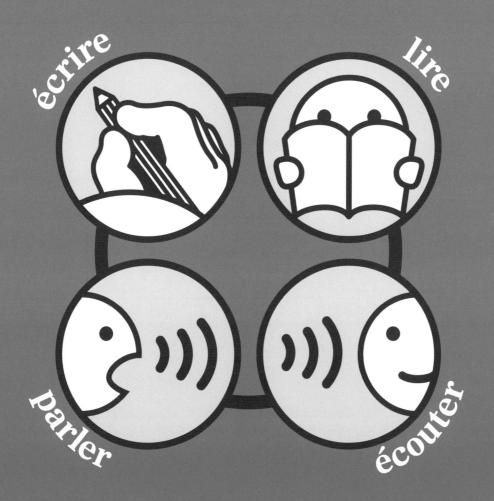

第三書房

★本書の音声ダウンロード

収　録　🎧印のある箇所、数字はトラック番号に対応しています。音声データは下記URLまたはQRコードより日本語書名で検索し、指示に従いダウンロードの上ご利用下さい。
https://www.daisan-shobo.co.jp/
同じ内容の音声を収録したCD（2枚組：本体1500円）も販売しております。
＊ご採用の先生方には教室用CD（非売品）をご用意しております。お申し付け下さい。

吹込者　Pierre SINTIVE
　　　　Florence Yoko SUDRE

本書の使い方

　外国語学習では、よく4技能（書く・読む・聞く・話す）の習得が大切だと言われます。この教科書の各課は4ページで構成され、最初の2ページが書く練習と読む練習、そして次の2ページが聞く練習と話す練習になっています。

【最初の2ページ：書く・読む】

　各課は、文法項目から学習が開始されます。例えば5課では、まず「à と定冠詞の縮約」についての説明があります。次に「書く練習」があり、そこで学習者は自分のペースで縮約の規則を実行しながら書くことにより、縮約の規則を確認します。その後「読む練習」があり、パリ観光に行く人の話を読みながら、その行先（前置詞の à と定冠詞が使われています）を読み取る作業を行います。

【次の2ページ：聞く・話す】

　後半の2ページでは、聞く練習と話す練習を行います。例えば5課では、上記のパリ観光に行く人の話を、今度は録音教材で聞いて、その行先の表を埋める作業を行います。

　そして最後は、話す練習です。今までの既存の教材で教員を悩ませるのは、話す練習が難しすぎるという点でした。いきなり「〜について隣の人と話しましょう」というタイプの設問が多く、日本の学習者にはこれが高いハードルでした。本書では、パターンプラクティスという学習法を応用し、同じ会話内の単語を入れ替えながら繰り返しパターン練習ができるようにしました（例：5課練習6）。会話では、紙片などを用いて会話文を右から段階的に隠し、何回も同じ会話をパターン練習してください。教科書後半の課で会話の各文が長くなると（例：10課練習6③）、単語の頭ぞろえをし、右から隠しやすくなるようにレイアウトを工夫しました。そして最終的には、会話文の左にある絵だけを見ながら2人で会話できるようになることを目指して下さい。

【文法の進度】

　1巻では、冠詞から複合過去までを扱います。2巻は、半過去と複合過去の使い分けに始まり、条件法・接続法・ジェロンディフ・間接話法・大過去等まで学習を進めることができます。

【発音に関して】

　本書の発音練習では、日本人学習者がいきなりフランス人のような発音ができるようになることは目指していません。フランス語の音を、日本語でもっとも近い音で置き換えることにより、とりあえず通じる発音を目指します。したがって、[e] と [ɛ], [o] と [ɔ], [ø] と [œ] の狭い広いの区別は行わず、狭い [e][o][ø] の音で代表させています。

【補足問題】

　本書には別途、補足練習問題を用意しています。こちらもぜひ使ってください。

イラスト：すずき 律
装丁：小林 正明

目　次

はじめに

1課	alphabet　アクセント記号　名詞の性　定冠詞 … 6
	発音 [r] の発音は、ハ行で

2課	不定冠詞　部分冠詞 … 10
	発音 母音字の読み方（1）

3課	être　tuとvous　数 0～10 … 14
	発音 母音字の読み方（2）

4課	-er 動詞　エリジョンとリエゾン … 18
	発音 鼻母音（1）

5課	動詞 aller　à と定冠詞の縮約 … 22
	発音 鼻母音（2）

6課	否定文　動詞 avoir … 26
	発音 ① 語末の -e は無視する。② 語末の -é は、はっきりと [e]

7課	否定の de，名詞の複数形 … 30
	発音 語末の -er, -ez, -et は、はっきりと [e]

8課	形容詞の性数一致　形容詞の位置 … 34
	発音 語中や語頭の e の読み方（1）

9課	男性単数第二形を持つ形容詞，女性名詞の作り方 … 38
	発音 語中や語頭の e の読み方（2）

10課	所有形容詞 … 42
	発音 語末の子音字

11課	近接未来　近接過去 … 46
	発音 c, ç の読み方（後ろの母音字に注目）

12課	-ir 動詞，指示形容詞，人称代名詞の直接目的補語 … 50
	発音 g の読み方（後ろの母音字に注目）

13課	質問の作り方　de と定冠詞の縮約 … 54
	発音 s, ss の読み方

14課	複合過去（助動詞 avoir） … 58

15課	複合過去（助動詞 être） … 62
	発音 ch [ʃ], qu [k]（英語との違いに注意）

1課 alphabet アクセント記号 名詞の性 定冠詞

練習 1　alphabet　🎧 1-1

AからZまでを聞きましょう。

A B C D E F G H I J K L M N O P Q R S T U V W X Y Z

練習 2　alphabet

❶ alphabet をリピート練習しましょう。（🎧 1-1）

❷ 2人でペアを組み、A, B, C... を交互に言っていきましょう。
1回終わったら、順番を交代し、再びA, B, C... を交互に言いましょう。

練習 3　alphabet　🎧 1-2

フランス語圏の国々です。録音を聞いて、国名を alphabet で記入しましょう。

(1)
(2)
(3)
(4)
(5)

説明 1　アクセント記号　🎧 1-3

accent aigu	é (e accent aigu)
accent grave	à, è, ù (a accent grave...)
accent circonflexe	â, ê, î, ô, û (a accent circonflexe...)
tréma	ë, ï, ü (e tréma...)
cédille	ç (c cédille)
trait d'union	-

練習 4　アクセント記号　🎧 1-4

聞こえた国名を書きとりましょう。

(1)
(2)
(3)
(4)

説明 2　名詞の性　🎧 1-5

　フランス語の名詞には、男性名詞と女性名詞があります。国名の例を見ましょう。男性名詞は (*m.*)、女性名詞は (*f.*) という記号で示します。

男性名詞 Japon (*m.*), Iran (*m.*)　　女性名詞 France (*f.*), Allemagne (*f.*)

説明 3　定冠詞　🎧 1-6

　特定のものや、相手がすでに知っているものには定冠詞をつけます。le, la は、母音字や h の前では l' という形（élision）になります。

	名詞が単数	名詞が複数
男性名詞の前	le (l')	les
女性名詞の前	la (l')	

練習 5　定冠詞　🎧 1-7

　地図の 1～4 は女性名詞の国です。5, 6 は男性名詞の国です。7 は複数名詞の国です。解答欄に定冠詞を記入し、国名を聞きとって alphabet で書きましょう。見本として 1 番には既に正解が記入されています。

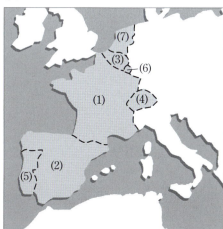

	定冠詞	国名
1	la	France
2		
3		
4		
5		
6		
7		

練習6　定冠詞

❶ 地図の7つの国名の発音練習をしましょう。🎧 1-8

❷ 中学校の地理の時間です。教師がヨーロッパの地図を指して質問し、生徒が国名を答えています。2人でペアを組み、7か国について同じパターンで会話を行いましょう。🎧 1-9

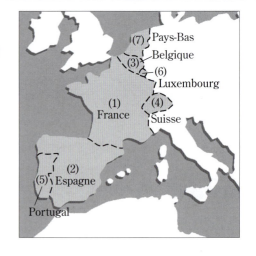

　　教師：Ici ?
　　生徒：C'est la France.
　　教師：Ici ?
　　生徒：C'est l'Espagne.
　　教師：Ici ?
　　生徒：C'est la Belgique.
　　教師：Ici ?
　　生徒：C'est la Suisse.
　　教師：Ici ?
　　生徒：C'est le Portugal.
　　教師：Ici ?
　　生徒：C'est le Luxembourg.
　　教師：Ici ?
　　生徒：C'est les Pays-Bas.

❸ 今度は日本語で書かれた地図を使って、❷と同じ会話練習を行いましょう。

❹ 最後に、白地図を使って、今までと同じ会話を行いましょう。

発音

[r] の発音は、ハ行で

🎧 1-10

フランス語の発音でよく受ける質問が [r] の発音です。

① [ra], [re], [ro] は、日本語の「ハヘホ」にかなり類似した音ですので、最初のうちは「ハヘホ」だと思って発音すれば通じます。

Aust<u>r</u>alie, accent g<u>r</u>ave, t<u>r</u>éma, t<u>r</u>ait d'union

② [ri] も日本語の「ヒ」に似ています。弱めの「ヒ」に発音すれば大丈夫です。

Pa<u>r</u>is, Algé<u>r</u>ie, Sy<u>r</u>ie, Bulga<u>r</u>ie

③ [ru] は調音する場所は「フ」と大分離れていますが、耳で聴く印象は「フ」に似ています。弱めの「フ」に発音すれば通じます。

Pé<u>r</u>ou, <u>R</u>oumanie, Came<u>r</u>oun

④ 上記①〜③以外の r は、弱い「フ」に聴覚印象が似ていますので、慣れるまでは弱い「フ」で大丈夫です。ポイントは、あまり強く大きな音で発音しないことです。

R [eːr], ci<u>r</u>conflexe, Po<u>r</u>tugal, Luxembou<u>r</u>g

2課 不定冠詞　部分冠詞

説明1　不定冠詞　🎧 1-11

不定冠詞は、不特定なものを示す場合に用います。例えば買い物では、予約してある等の事情がなければ不特定のものを買いに行くことになりますので、不定冠詞を使います。

	単数	複数
男性名詞の前	un	des
女性名詞の前	une	

メロン (*m.*)　→　1個 **un melon**,　複数個 **des melons**
りんご (*f.*)　→　1個 **une pomme**,　複数個 **des pommes**

練習1　不定冠詞

メロンの例にしたがって、表を完成させましょう。

	単数	複数
メロン melon (*m.*)	un melon	des melons
りんご pomme (*f.*)		
オレンジ orange (*f.*)		
レモン citron (*m.*)		
にんじん carotte (*f.*)		
トマト tomate (*f.*)		

練習2　不定冠詞

スーパーでの会話です。Alice の指示に従い、Léo が果物などを袋詰めしてカートに入れています。以下の会話は、絵1に対応しています。

Léo : Des pommes ?
Alice : Oui, des pommes.
Léo : Combien ?
Alice : Un kilo. Et des oranges.
Léo : Combien ?
Alice : Deux kilos. Et un melon.

(1)
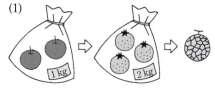

(2)
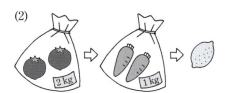

同じパターンで、絵2について会話を書きましょう。

説明 2　部分冠詞　🎧 1-12

りんごやオレンジは数えられる名詞ですが、バターや牛乳は数えられない名詞です。不特定の数えられない名詞には、不定冠詞ではなく部分冠詞を使います。

男性名詞の前	du (de l')
女性名詞の前	de la (de l')

例) du beurre,　de l'alcool
　　de la margarine,　de l'eau

練習 3　部分冠詞

Léo と Alice の買い物の続きです。以下の会話は、図1に対応しています。

　　Léo : Du beurre ?
　　Alice : Non, de la margarine.
　　Léo : Et du café ?
　　Alice : Non, du thé.

図2に対応する会話を書きましょう。

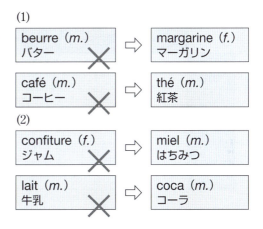

練習 4　部分冠詞

会話1を読むと、買ったものが margarine と coca、提案を拒否されたのが beurre と café だとわかります。会話2,3について表を完成させましょう。名詞には会話と同じ冠詞をつけます。

●会話 1　Léo : Du beurre ?
　　　　Alice : Non, de la margarine.
　　　　Léo : Et du café ?
　　　　Alice : Non, du coca.

●会話 2　Léo : Du miel ?
　　　　Alice : Non, de la confiture.
　　　　Léo : Et du café ?
　　　　Alice : Non, du lait.

●会話 3　Léo : Des pommes ?
　　　　Alice : Non, un citron.
　　　　Léo : Ensuite ?
　　　　Alice : Du beurre et du café.

	買った	提案を拒否
会話 1	de la margarine du coca	du beurre du café
会話 2		
会話 3		

練習 5　不定冠詞　🎧 1-13

　Léo と Alice がスーパーで果物と野菜を買っています。会話1を聞くと、りんごを複数、オレンジを複数、メロンを1個買ったことがわかります。

●会話 1　　Léo : Des pommes ?　りんごは？

　　　　　Alice : Oui, des pommes.　そうね、りんご（を買いましょう）。

　　　　　Léo : Et ensuite ?　次は？

　　　　　Alice : Des oranges et un melon.　オレンジとメロンね。

　会話2～6も聞き、表を完成させましょう。

	購入品	個数	購入品	個数	購入品	個数
会話 1	pommes	複数	oranges	複数	melon	1個
会話 2						
会話 3						
会話 4						
会話 5						
会話 6						

練習 6　不定冠詞

以下の会話1は、絵1に対応しています。

●会話 1　　Léo : Des carottes ?

　　　　　Alice : Oui, des carottes.

　　　　　Léo : Combien ?

　　　　　Alice : Deux kilos. Et des tomates.

　　　　　Léo : Combien ?

　　　　　Alice : Un kilo. Et un melon.

　2人でペアを組み、会話1と同じパターンで、絵2～5について会話を行いましょう。

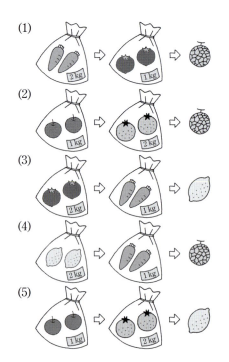

練習 7　部分冠詞　🎧 1-14

会話 1 を聞くと、買ったものがレモン、バター、コーヒーで、提案を拒否されたのがりんごであることがわかります。会話 2〜4 について表を完成させましょう。名詞には会話と同じ冠詞をつけます。

●会話 1　　Léo : Des pommes ?
　　　　　　Alice : Non, un citron.
　　　　　　Léo : Et ensuite ?
　　　　　　Alice : Du beurre et du café.

	買った	提案を拒否
会話 1	un citron du beurre du café	des pommes
会話 2		
会話 3		
会話 4		

練習 8　部分冠詞　🎧 1-15

会話 1 は、図 1 に対応しています。2 人でペアを組み、会話 1 と同じパターンで、図 2〜5 についても会話を行いましょう。

●会話 1　　Léo : Du beurre ?
　　　　　　Alice : Non, de la margarine.
　　　　　　Léo : Et du café ?
　　　　　　Alice : Non, du thé.

(1) beurre (*m.*) バター ✗ ⇒ margarine (*f.*) マーガリン
　　café (*m.*) コーヒー ✗ ⇒ thé (*m.*) 紅茶

(2) confiture (*f.*) ジャム ✗ ⇒ miel (*m.*) はちみつ
　　lait (*m.*) 牛乳 ✗ ⇒ coca (*m.*) コーラ

(3) マーガリン ✗ ⇒ バター
　　紅茶 ✗ ⇒ コーヒー

(4) はちみつ ✗ ⇒ ジャム
　　コーヒー ✗ ⇒ 牛乳

(5) 牛乳 ✗ ⇒ 紅茶
　　コーラ ✗ ⇒ コーヒー

発音　母音字の読み方（1）　🎧 1-16

ou [u]　　　Luxembourg, Pérou, Roumanie, Cameroun

ai, ei [e]　　lait, aigu, trait d'union, beige ベージュ

au, eau [o]　eau, gâteau au chocolat, café au lait, restaurant

3課 être　tu と vous　数 0〜10

説明 1　être 🎧 1-17

	単数	複数
1人称	私　je suis	私たち　nous sommes
2人称	君　tu es	あなた方　vous êtes
3人称男性	彼　il est	彼ら　ils sont
3人称女性	彼女　elle est	彼女たち　elles sont

il, elle, ils, elles は人だけでなく、物も指すことができます。

　　Le melon est dans le sac. → Il est dans le sac.
　　Les oranges sont sous la table. → Elles sont sous la table.

説明 2　tu と vous

親しい付き合いをしていて、相手が1人の時　　→　tu を使う。
親しい付き合いはしていなくて、相手が1人の時　→　vous を使う。
親しい・親しくないに関係なく、相手が複数名の時　→　vous を使う。

 練習 1　tu と vous

次の相手を、tu と vous のどちらで呼びますか。
(1) 自分の母親　　(2) 自分の弟　　(3) 自分のおじ　　(4) 自分の両親
(5) 友だち1人　　(6) 友だち2人　　(7) ホテルのフロント係1人　　(8) 店員1人

 練習 2　être

買い物を終えた Alice と Léo（2課参照）が、自宅に帰ってきました。Alice が休んでいる間に、買ったものを Léo が片付けました。食事の支度を始めようとした Alice が、物の置き場所をたずねています。既に購入済みの特定のメロンやオレンジですから、定冠詞を使います。会話を読んで、メロンとオレンジを絵に描き加えましょう。複数の場合は2〜3個を描いて下さい。

●会話 1　Alice : Où est le melon ?
　　　　　Léo : Il est dans le sac.
　　　　　Alice : Où sont les oranges ?
　　　　　Léo : Elles sont sous la table.

会話 1

会話2についても、絵を完成させましょう。数えない名詞も、購入済みの特定のものであれば定冠詞を使います。

会話2

●会話 2　Alice : Où est le thé ?
　　　　　Léo : Il est sur la table.
　　　　　Alice : Où est la confiture ?
　　　　　Léo : Elle est dans le sac.

 練習 3

練習 2 と同じパターンの会話文を、絵 1〜6 について書きましょう。Léo の答には、人称代名詞 il(s), elle(s) を主語に使います。

(1) 　(2) 　(3)

(4) 　(5) 　(6)

説明 3　数 0〜10　🎧 1-18

| 0 zéro | 1 un | 2 deux | 3 trois | 4 quatre | 5 cinq |
| 6 six | 7 sept | 8 huit | 9 neuf | 10 dix | |

練習 4　数 0〜10

会話を être の活用形でうめましょう。そして会話に見合う絵を選びましょう。

●会話 1
— Vous (　　) combien ?
— Nous (　　) trois.

●会話 2
— Ils (　　) combien ?
— Ils (　　) trois.

練習 5　être　🎧 1-19

練習2と同じパターンの会話を聞いて、絵を完成させましょう。

(1)　　　　　　　　　　(2)　　　　　　　　　　(3)

(4)　　　　　　　　　　(5)　　　　　　　　　　(6)

練習 6　être

❶ 会話で使う表現をリピート練習しましょう。🎧 1-20

　　Où est… ? Où sont… ?

　　Il est… Elle est… Ils sont… Elles sont…

　　dans le sac, sur la table, sous la table

❷ 絵1を見ながら、ペアで会話練習をしましょう。🎧 1-21

(1)

melon (*m.*)　　　orange (*f.*)

　　A : Où　est　le melon ?
　　B : Il　est　dans le sac.
　　A : Où　sont les oranges ?
　　B : Elles sont sous la table.

　　注：les oranges（リエゾン）については4課で詳しく学習します。

❸ 絵2〜5について、同じパターンで会話練習をしましょう。

(2)　　　　　　　　　　(3)

melon (*m.*)　　pomme (*f.*)　　orange (*f.*)　　melon (*m.*)

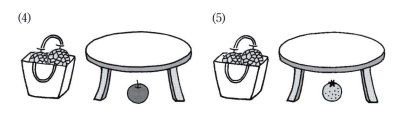

(4)　　　　　　　(5)

melon (*m.*)　　pomme (*f.*)　　melon (*m.*)　　orange (*f.*)

❹ 絵1〜5の下の文字を隠し、絵だけを見ながら同じ会話練習を行いましょう。

練習7　数 0〜10　🎧 1-22

数を聞いて、算用数字で書きましょう。

(1)　　(2)　　(3)　　(4)　　(5)　　(6)　　(7)　　(8)　　(9)　　(10)

練習8　数 0〜10

ペアの人と zéro, un, deux... と交互に言い合って、dix まで達したらまた zéro に戻るという作業を3回繰り返してください。

練習9　数 0〜10　🎧 1-23

ペアを組み、フランス語で引き算の問題を数問ずつ出し合いましょう。

例　A : Dix moins deux ?　　B : Huit.
　　A : Cinq moins huit ?　　B : Moins trois.

練習10　数 0〜10　🎧 1-24

録音を聞き、式の答を算用数字で書きましょう。

(1)　　　　(2)　　　　(3)　　　　(4)
(5)　　　　(6)　　　　(7)　　　　(8)

発音　母音字の読み方（2）　🎧 1-25

eu, œu [ø]　　d<u>eu</u>x, n<u>eu</u>f, b<u>eu</u>rre, s<u>œu</u>r
u [y]　　　　confit<u>u</u>re, <u>u</u>ne, アルファベの <u>U</u>, <u>u</u>nion
oi [wa]　　　tr<u>oi</u>s, cr<u>oi</u>ssant

4課 -er 動詞　エリジョンとリエゾン

説明1　-er 動詞　🎧 1-26

-er の部分（活用語尾）が、次のように変化します。多くの動詞がこの活用形に属します。

je -e	nous -ons
tu -es	vous -ez
il -e	ils -ent
elle -e	elles -ent

dîner

je dîne	nous dînons
tu dînes	vous dînez
il dîne	ils dînent
elle dîne	elles dînent

練習1　-er 動詞

visiter について、je～elles までの活用形を書きましょう。

練習2　-er 動詞　🎧 1-27

arriver について、je～elles までの活用形を規則通りに書いてみましょう。その後録音を聞き、必要な変更を加えましょう。

練習3　エリジョン élision とリエゾン liaison

フランス語は、母音を連続して発音することをできるだけ避けようとします。élision と liaison は、母音の連続を避けるための手法の一部です。

(1) élision : élision を起こす単語は10個程度です。je 以外に、élision を起こす単語を1課で2つ紹介しました。それは何でしたか。

(2) liaison : liaison は、定冠詞 les でも起こります。3課で les との liaison を必要とした果物は何でしたか。

練習4　リエゾン　🎧 1-28

録音を聞き、リエゾンが起きている5箇所に印をつけましょう。

　　　une heure,　deux heures,　trois heures,　quatre heures,　cinq heures,
　　　six heures,　sept heures,　huit heures,　neuf heures,　dix heures

 **–er 動詞**

旅行会社による説明会です。店員がお客に「フランス観光プラン A」を説明しています。プランの表の -er 動詞に主語をつけて、会話を完成させましょう。

●Plan A
10:00　Paris 到着 arriver
　　　　Chartres で昼食 déjeuner
 3:00　大聖堂 cathédrale (f.) を
　　　　見学 visiter
 7:00　Paris に戻る retourner
　　　　Paris で夕食 dîner

お客：Le plan A, il est comment ?
店員：À 10 heures, (　　　) à Paris.
お客：Oui, et après ?
店員：(　　　) à Chartres.
　　　À 3 heures, (　　　) la cathédrale,
　　　et à 7 heures, (　　　) à Paris.
お客：Oui, et après ?
店員：(　　　) à Paris.

 –er 動詞

Plan B の表を見ながら、練習 5 と同じ会話を書きましょう。

●Plan B
9:00　Paris 到着
　　　Versailles で昼食
2:00　宮殿 château (m.) を見学
6:00　Paris に戻る retourner
　　　Paris で夕食 dîner

練習 7　**–er 動詞**

旅行会社の事務所で 2 人の添乗員が、観光客の今日の日程を確認しています。同じパターンを続けて会話を完成させましょう。

Monsieur Martin の日程	Barbizon で昼食・村 village (m.) を見学
Mademoiselle Leblanc の日程	Versailles に到着・Paris に戻る
M. et Mme Dupont の日程	Giverny で昼食・庭 jardin (m.) の見学
女子高校生 les lycéennes の日程	Paris に到着・Paris で昼食

Barbizon：画家ミレーに代表されるバルビゾン派が好んで描いた村がある。
Giverny：画家クロード・モネの絵で有名な日本庭園がある。

添乗員A：Monsieur Martin ?
添乗員B：Il (　　　) à Barbizon. Et après, il (　　　) le village.
添乗員A：Mademoiselle Leblanc ?
添乗員B：Elle (　　　) à Versailles. Et après, elle (　　　) à Paris.
添乗員A：Monsieur et Madame Dupont ?
添乗員B：(　　　　　　　　　　　　　　　　　　　　　　　)
添乗員A：Les lycéennes ?
添乗員B：(　　　　　　　　　　　　　　　　　　　　　　　)

練習 8　リエゾン（時刻）　🎧 1-29

時刻を聞き、00:00 の形式で書きましょう。

(1)　　　　(2)　　　　(3)　　　　(4)　　　　(5)
(6)　　　　(7)　　　　(8)　　　　(9)　　　　(10)

練習 9　–er 動詞　🎧 1-30

次の録音を聞くと、それが plan A の説明であることがわかります。残りの録音を聞いて、録音番号をかっこ内に記入しましょう。

●録音 1

À 10 heures, vous arrivez à Paris et vous déjeunez à Fontainebleau. À 3 heures, vous visitez le château. À 7 heures, vous dînez à Fontainebleau, puis vous retournez à Paris.

Plan	日　程
A	10：00　Paris 到着・Fontainebleau で昼食　　3：00　城の見学 7：00　Fontainebleau で夕食・Paris に戻る
B	10：00　Paris 到着・Versailles で昼食　　3：00　宮殿見学 7：00　Paris に戻る・Paris で夕食
C	9：00　Paris 到着・Chartres で昼食　　2：00　大聖堂を見学 6：00　Chartres で夕食・Paris に戻る
D	9：00　Paris 到着・Chantilly で昼食　　2：00　庭の見学 6：00　Chantilly で夕食・Paris に戻る
E	8：00　Barbizon 到着・Barbizon で昼食　　1：00　村の見学 8：00　Paris に戻る・Paris で夕食
F	8：00　Giverny 到着・Giverny で昼食　　1：00　庭園の見学 8：00　Paris に戻る・Paris で夕食

Fontainebleau：フランスの歴代の王からナポレオン 3 世までの支配者が愛用した城がある。
Chantilly：ルノートルが設計したフランス風庭園がある。
Barbizon：ミレーなどのバルビゾン派の画家が愛した美しい村。
Giverny：印象派の Monet が所有していた美しい庭がある。

録音 1 = plan (A)　　録音 2 = plan (　)　　録音 3 = plan (　)
録音 4 = plan (　)　　録音 5 = plan (　)　　録音 6 = plan (　)

〈この教科書の会話練習について〉

　練習12（右ページ）では、会話文の頭がそろっています。右からだんだんと会話文を紙片などで隠して、何回も同じ会話を練習できるようにするためです。

4課

練習 10　　–er 動詞　🎧 1-31

録音を聞いて、練習9と同じような表を作りましょう。

Plan	日　程
A	
B	
C	

練習 11　　–er 動詞

録音を使ってリピート練習しましょう。

(1) 時刻 une heure から dix heures まで。（練習4の録音 🎧 1-28 を使います。）
(2) vous arrivez, vous déjeunez, vous visitez, vous dînez, vous retournez　🎧 1-32
(3) Paris, Fontainebleau, Barbizon, Chantilly, Chartres, Giverny, Versailles
　　　　　　　　　　　　　　　　　　　　　　　　　　　　　　　　🎧 1-33

練習 12　　–er 動詞　🎧 1-34

練習9の日程表 plan A を応用して、次のような会話が行えます。

添乗員：À 10 heures,　　vous arrivez　　à Paris.
　　　　Et vous　　　　déjeunez　　　à Fontainebleau.
観光客：Oui,　　　　　et après ?
添乗員：À 3 heures,　　vous visitez　　le château.
観光客：Oui,　　　　　et après ?
添乗員：À 7 heures,　　vous dînez　　　à Fontainebleau.
　　　　Et vous　　　　retournez　　　à Paris.

❶ まず、上の会話のリピート練習を行いましょう。
❷ 次にペアを組み、練習9の日程表の plan B〜F について、同じパターンの会話を行いましょう。

発音　鼻母音（1）　🎧 1-35

an, am, en, em [ɑ̃]　　pl<u>an</u>, Lebl<u>an</u>c
　　　　　　　　　　　com<u>m</u>ent, <u>en</u>suite, acc<u>en</u>t, Luxembourg
on, om [ɔ̃]　　　　　　nous dîn<u>on</u>s, élisi<u>on</u>, liais<u>on</u>, c<u>om</u>bien

21

5課 動詞 aller　à と定冠詞の縮約

説明 1　動詞 aller

je vais	nous allons
tu vas	vous allez
il va	ils vont
elle va	elles vont

 1-36

説明 2　à と定冠詞の縮約　 1-37

Je vais à ＋ le château.　　　　→　Je vais au château.
Je vais à la cathédrale.　　　　→　変化なし
Je vais à l'université.　　　　→　変化なし
Je vais à ＋ les Champs-Élysées.　→　Je vais aux Champs-Élysées.

à + le	→	au
à la	→	変化なし
à l'	→	変化なし
à les	→	aux

練習 1　動詞 aller　à と定冠詞の縮約

例にならって文を書きましょう。

例　je, le château　→　Je vais au château.

(1) nous, la cathédrale　　　(2) elle, les Champs-Élysées
(3) ils, le village　　　　　(4) tu, le jardin
(5) vous, le musée 美術館

練習 2　動詞 aller　à と定冠詞の縮約

次の会話を読むと、誰がどこに行って何を見るのかがわかることを確認しましょう。

Lucas　Chloé

人物	行先	見るもの
Lucas	ルーブル美術館	モナリザ
2人の友だち	シャンゼリゼ	凱旋門

Chloé : Vous allez où ?

Lucas : Je vais au musée du Louvre. Et là, je regarde la Joconde.

Chloé : Elles vont où ?

Lucas : Elles vont aux Champs-Élysées. Et là, elles regardent l'Arc de triomphe.

練習 3　動詞 aller　à と定冠詞の縮約

練習 2 と同じ要領で、会話を読んで表を完成させましょう。

Lucas　Chloé

人物	行先	見るもの

Chloé : Vous allez où ?

Lucas : Nous allons aux Champs-Élysées. Et là, nous regardons l'Arc de triomphe.

Chloé : Il va où ?

Lucas : Il va au musée du Louvre. Et là, il regarde la Joconde.

Chloé : Et elles vont où ?

Lucas : Elles vont à la cathédrale de Chartres. Et là, elles regardent les vitraux.

注：vitraux ステンドグラス（複数形）。複数形については後の課で学習します。

練習 4　動詞 aller　à と定冠詞の縮約

絵と表を参考に、練習 3 と同じパターンの会話を書きましょう。練習 3 と同じく Chloé の発言から始まり、Chloé と Lucas のやりとりが 3 回あります。

●会話 1

Lucas　Chloé

会話 1	行先	見るもの
Lucas	ルーブル美術館	モナリザ
1 人の友だち	シャルトル大聖堂	ステンドグラス
2 人の友だち	ベルサイユ宮殿	鏡の回廊 galerie (f.) des Glaces

●会話 2

Lucas　Chloé

会話 2	行先	見るもの
Lucas たち	ベルサイユ宮殿	鏡の回廊
1 人の友だち	シャンゼリゼ	凱旋門
2 人の友だち	モネの庭 jardin (m.) de Monet	日本の橋 pont (m.) japonais

練習5　動詞 aller　à と定冠詞の縮約　🎧 1-38

練習3,4と同じような会話を聞き、該当する絵を選んで会話番号を記入しましょう。そして、表を完成させます。表のすべての欄がうまらない場合もあります。会話は5つですので、余計な図表が1枚混ぜてあります。

会話番号（　　）

絵1の人物	行先	見るもの

会話番号（　　）

絵2の人物	行先	見るもの

会話番号（　　）

絵3の人物	行先	見るもの

会話番号（　　）

絵4の人物	行先	見るもの

会話番号（　　）

絵5の人物	行先	見るもの

会話番号（　　）

絵6の人物	行先	見るもの

練習6　動詞 aller　à と定冠詞の縮約

❶ リピート練習をしましょう。🎧 1-39

Vous allez où ?

Je vais au château de Versailles, à la cathédrale de Chartres, au musée du Louvre, aux Champs-Élysées, au jardin de Monet et à la maison de Millet. Et là, je regarde la galerie des Glaces, les vitraux, la Joconde, l'Arc de triomphe, le pont japonais et les tableaux.

❷ ペアになり、シナリオに従って次のパターンで会話をしましょう。何回も繰り返して、上記①のフランス語なしでも会話できるようになりましょう。

パターン　A : Vous allez où ?

B : Je vais à… Et là, je regarde…

シナリオ
1. ベルサイユ宮殿へ行って、鏡の間を見る。
2. シャルトル大聖堂へ行って、ステンドグラスを見る。
3. ルーブル美術館へ行って、モナリザを見る。
4. シャンゼリゼへ行って、凱旋門を見る。
5. モネ（画家）の庭へ行って、日本の橋を見る。
6. ミレー（画家）の家へ行って、絵を見る。

❸ 今度は、

A : Il va où ?

B : Il va à… Et là, il regarde…

のパターンで会話しましょう。シナリオは上の1〜6を使います。

発音　鼻母音(2) [ɛ̃]　🎧 1-40

in	jard<u>in</u>, c<u>in</u>q, Mart<u>in</u>, <u>In</u>donésie
un	<u>un</u>, parf<u>um</u> 香水
ain	Mont-S<u>ain</u>t-Michel モンサンミッシェル
ein	p<u>ein</u>tre 画家
yn	s<u>ym</u>bole シンボル
ien	comb<u>ien</u> [jɛ̃]

注：n だけでなく、im, um など m の場合もあります。

6課 否定文　動詞 avoir

説明 1　否定文　| 否定文 = 主語 + ne + 動詞 + pas... |　🎧 1-41

例　Je ne vais pas à la cathédrale de Chartres.
　　Nous ne regardons pas les vitraux.

 練習 1　否定文

rester は -er 動詞です。je から elles までを否定形にして活用させましょう。

 練習 2　否定文

Dupuis 夫妻はあまのじゃくで、団体旅行なのに別行動をとっています。今、ルーブルへの出発時刻なのにこの夫妻は行こうとしません。ある観光客が M. Dupuis に質問します。会話を完成させましょう。

　　　　観光客：Vous restez à l'hôtel ?
　　M. Dupuis：Non, nous (　　　　　　　　　) à l'hôtel.
　　　　観光客：Vous allez au musée du Louvre aussi ?
　　M. Dupuis：Non, nous (　　　　　　　　　) au musée du Louvre.
　　　　観光客：Vous allez où ?
　　M. Dupuis：Nous allons aux Champs-Élysées.
　　　　観光客：Ah ! Vous aimez l'Arc de triomphe.
　　M. Dupuis：Non, nous (　　　　　　　　　) l'Arc de triomphe.
　　　　　　　　(C'est の否定形　　　　　　　) intéressant !

 練習 3　否定文

15 歳の Léa は一人でツアーに参加していましたが、ホームシックになってしまいました。モネの庭へ出発する時刻になりましたが、Léa はホテルから出ようとしません。心配した 1 人の観光客が声をかけました。リストから動詞を選び、かっこをうめましょう。
●動詞リスト：aimer (好き), aller, rentrer (家へ帰る), rester

　　観光客：Tu vas au jardin de Monet ?
　　　Léa：Non, je (　　　　　　　　　) au jardin de Monet.
　　観光客：Pourquoi ?
　　　Léa：Je (　　　　　　　　　) le pont japonais.
　　観光客：Tu restes à l'hôtel ?

　　　Léa : Non, je (　　　　　　　　　) à l'hôtel.

観光客 : Tu vas où alors ?

　　　Léa : Je (　　　　　　　　).

説明2　動詞 avoir　🎧 1-42

avoir	
j'ai	nous avons
tu as	vous avez
il a	ils ont
elle a	elles ont

🎧 1-43

●親族の語彙
- 父　père (*m.*)　　母　mère (*f.*)
- 息子　fils (*m.*)　　娘　fille (*f.*)
- 両親　parents　　子ども　enfant (*m. / f.*)
- 兄弟　frère (*m.*)　　姉妹　sœur (*f.*)
- おじ　oncle (*m.*)　　おば　tante (*f.*)
- いとこ　cousin(e)

練習4　動詞 avoir

かっこを、avoir または親族の語彙でうめましょう。

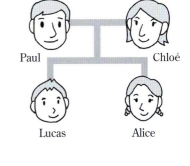

Paul　　Chloé
Lucas　　Alice

(1) A : Paul a des enfants ?
　　B : Oui, il (　　) un fils et une fille.
(2) A : Paul et Chloé (　　) des enfants ?
　　B : Oui, ils (　　) un fils et une fille.
(3) A : Lucas a des sœurs ?
　　B : Oui, il (　　　　　).
(4) A : Alice a des frères ?
　　B : Oui, elle (　　　　　).
(5) Paul の発言です。« J' (　　) deux enfants. »
(6) Paul と Chloé の発言です。« Nous (　　) deux enfants. »
(7) Alice に対して質問が出されました。« Tu (　　) des frères ? » それに対して Alice が答えます。« Oui, j' (　　　　). »

練習5　動詞 avoir

次の文章の先頭の文（Chloé a deux fils.）を読むと、Chloé が Famille C のお母さんであることがわかります。続きを読んで、すべての家族の父母に名前を記入しましょう。

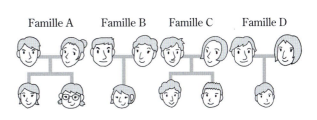

Famille A　Famille B　Famille C　Famille D

Chloé a deux fils. Alice et Lucas ont un fils. Paul a une fille. Hugo et Manon ont deux filles. Louis a deux fils. Zoé a une fille.

練習 6　否定文

❶ リピート練習しましょう。🎧 1-44

　　le château de Versailles　　la galerie des Glaces
　　les Champs-Élysées　　　　l'Arc de triomphe
　　la maison de Millet　　　　les tableaux
　　le musée du Louvre　　　　la Joconde
　　la cathédrale de Chartres　　les vitraux

❷ 次の会話（練習 2 と類似）は、表の①に基づいています。同じパターンの会話を②〜⑤についても行いましょう。会話文の文字を右側から少しずつ隠しながら、何回も会話練習を行いましょう。🎧 1-45

観光客：Vous	restez	à	l'hôtel ?	
M. Dupuis : Non, je	ne reste pas	à	l'hôtel.	
観光客：Vous	allez	à la	cathédrale de Chartres aussi ?	
M. Dupuis : Non, je	ne vais pas	à la	cathédrale de Chartres.	
観光客：Vous	allez	où ?		
M. Dupuis : Je	vais	au	château	de Versailles.
観光客：Ah ! Vous	aimez	la	galerie	des Glaces.
M. Dupuis : Non, je	n'aime pas	la	galerie	des Glaces.
Ce	n'est pas	intéressant !		

	団体旅行の行先	Dupuis 氏の勝手な行動と、そこにある見どころ	
①	シャルトル大聖堂	ベルサイユ宮殿	鏡の間
②	ルーブル美術館	シャンゼリゼ	凱旋門
③	モネの庭	ミレーの家	絵
④	シャンゼリゼ	ルーブル美術館	モナリザ
⑤	ベルサイユ宮殿	シャルトル大聖堂	ステンドグラス

練習 7　動詞 avoir　🎧 1-46

親族の語彙（p. 27）を確認してから、録音を聞きましょう。最初の文は Paul a deux fils, Hugo et Lucas. と言っています。これを聞くと、下の家系図の(1)が Paul, (4)が Hugo であることがわかります。録音の続きを聞いて、すべての人（Alice, Chloé, Louis, Manon, Zoé, Tom）を見つけましょう。

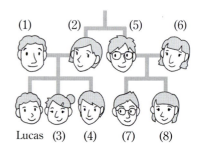

練習 8　　動詞 avoir

❶ 親族の語彙（p. 27）の発音練習。（🎧 1-43）

❷ 2 人でペアになり、絵 1 について、ペアの人に次の質問(1)〜(3)をして答をもらいましょう。🎧 1-47

質問（1）　Tom a des enfants ?　　　　　　　答：Oui, il a deux filles.
質問（2）　Zoé a des enfants ?　　　　　　　答：Oui, elle a deux filles.
質問（3）　Tom et Zoé ont des enfants ?　　答：Oui, ils ont deux filles.

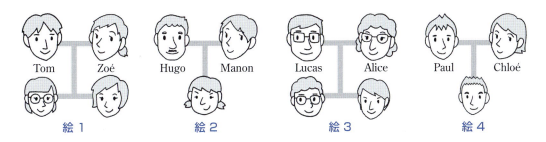

絵 1　　　　絵 2　　　　絵 3　　　　絵 4

❸ 絵 2〜4 について、質問(1)〜(3)と同じパターンの会話を順番に行いましょう。

❹ 今度は絵の人物（1 人または夫妻）をランダムに選び、その人（その夫妻）に子どもがいるかどうかを、ペアの人に質問して答をもらいましょう。

練習 9　　動詞 avoir

Lucas に次の家族・親族がいるかどうかを、ペアの人に質問し、答をもらいましょう。

(1) 男の兄弟　　(2) 姉妹
(3) おじ　　　　(4) おば
(5) いとこ

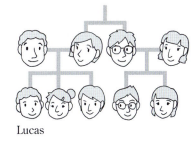

Lucas

発音

① 語末の -e は無視する。　🎧 1-48

cathédrale, Louvre, triomphe, père, mère, frère, oncle, tante, Alice, Joconde

② 語末の -é は、はっきりと [e]

musée, Chloé, Zoé, café, consommé, résumé

7課 否定の de　名詞の複数形

説明 1　否定の de　🎧 1-49

直接目的補語に不定冠詞 un, une, des がついている文を否定にした場合、un, une, des は「否定の de」になります。（部分冠詞も否定の de になります。）

Je n'ai pas de frères.　Il n'a pas d'oncles.

練習 1　否定の de

AB 2 人の会話です。家系図を見て、答を完成させましょう。

A : Nathan a des sœurs ?
B : Oui, (　　　　　　　　　　).
A : Il a des frères ?
B : Non, (　　　　　　　　　　).
A : Emma et Nathan ont des tantes ?
B : Oui, (　　　　　　　　　　).
A : Ils ont des oncles ?
B : Non, (　　　　　　　　　　).

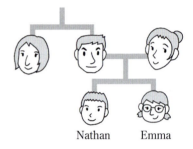
Nathan　Emma

練習 2　否定の de

次の文章を読むと、Emma が家系図の(1)の人物であることがわかります。

　Emma n'a pas de tante. Mais elle a deux oncles. Elle a une sœur. Mais elle n'a pas de frères.

文章 a〜d を読んで、4 人の人物を(2)〜(6)の中で見つけましょう。

(a) Mila n'a pas de sœurs. Mais elle a un frère. Elle n'a pas de tantes. Mais elle a un oncle.
(b) Lucie n'a pas d'oncles. Mais elle a une tante. Elle a une sœur. Mais elle n'a pas de frères.
(c) Élise n'a pas d'oncles. Mais elle a une tante. Elle n'a pas de sœurs. Et elle n'a pas de frères.
(d) Juliette n'a pas de frères. Mais elle a deux sœurs. Elle n'a pas de tantes. Et elle n'a pas d'oncles.

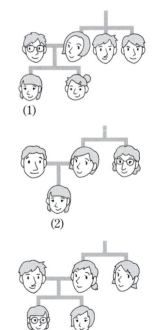
(1)

(2)

(3)

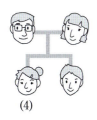
(4)

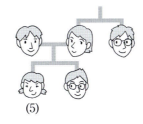
(5)

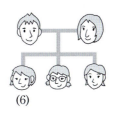
(6)

説明 2　名詞の複数形　🎧 1-50

原則として、単数形に s をつけます。複数を表す s は発音しません。例：chien(s), chat(s). ただし、

(1) -s, -x, -z で終わる単語　　　→　そのまま　　　　**souris,　souris**
(2) -au, -eu, -eau で終わる単語　→　x をつける　　　**oiseau,　oiseaux**
(3) -al で終わる単語　　　　　　→　-aux に変える　　**animal,　animaux**

説明 3　好き嫌いを言う　🎧 1-51

好き嫌いを言う時は、数えられる名詞は複数形にして定冠詞をつけます。定冠詞には「否定の de」の規則は適用されません。

J'aime les chiens.　Je n'aime pas les chats.

練習 3　名詞の複数形

絵を見て会話を完成させましょう。

(1) A : Vous aimez les chiens ?
　　B : Oui, j'aime beaucoup (　　　　　　). J'ai (　　　　　　) chez moi.
(2) A : Vous aimez (　　　　　　) 動物 ?
　　B : Oui, j'aime beaucoup (　　　　) 動物. J'ai (　　　) et deux (　　　　) chez moi.
(3) A : Vous (　　　) les animaux ?
　　B : Non, je (　　　　　　). Je n'ai pas (　　　　　　) chez moi.
(4) A : Vous (　　　　　　) les poissons tropicaux ?
　　B : Oui, (　　　　　　　). (　　　　　　　　　　).
(5) A : Vous (　　　　　　　　　) ?
　　B : Oui, (　　　　　　　　). (　　　　　　　　　　　).

(1) 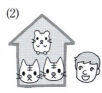　(2) 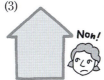　(3) 　(4) 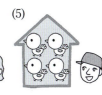　(5)

hamster (*m.*)

練習 4　否定の de　🎧 1-52

会話(a)の内容は次のとおりです。これを聞くと、家系図の(1)が Nathan であることがわかります。残りの会話を聞いて、Maël, Tom, Maxime, Clément, Enzo, Lucas を見つけましょう。

A : Nathan a des sœurs ?
B : Oui, il a une sœur. Mais il n'a pas de frères.
A : Ah bon. Il a des oncles ?
B : Il n'a pas d'oncles. Il a une tante.

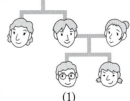
(1)

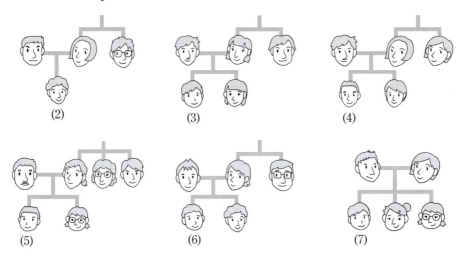

(2)　　　(3)　　　(4)

(5)　　　(6)　　　(7)

練習 5　否定の de

❶ 家族親族の語彙 (p. 27) を、リピート練習しましょう。(🎧 1-43)
❷ 質問「Nathan にはいとこがいますか？」「Nathan と Emma にはいとこがいますか？」を書きましょう。
❸ ペアを組み、口頭で次の質問をして答をもらいましょう。
　(1) Nathanには、(a) 姉妹, (b) 兄弟, (c) おじ, (d) おば, がいますか？
　(2) Emmaには、(a) 姉妹, (b) 兄弟, (c) いとこ, がいますか？
　(3) NathanとEmmaには、(a) おじ, (b) おば, (c) いとこ, がいますか？
❹ 今度は❸で行った質疑応答を、順番をランダムにして行いましょう。

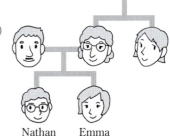
Nathan　Emma

練習 6　名詞の複数形　🎧 1-53

会話(a)の内容は次のとおりです。この会話を聞くと、(4)の人物が Paul であることがわかります。

A : Tu aimes les chiens, Paul ?
B : Oui, j'aime beaucoup les chiens. J'ai des chiens chez moi.

残りの会話を聞いて、会話(b)の Maël, (c) Alice, (d) Maxime, (e) Clément, (f) Emma, (g) Zoé, (h) Hugo, (i) Léo を見つけましょう。

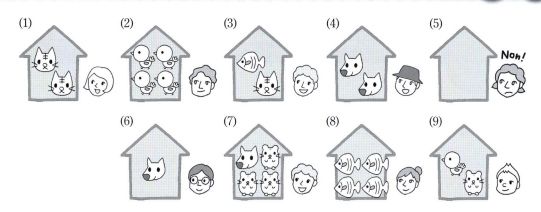

練習7　名詞の複数形

❶ Vous aimez les...? の文型で、リピート練習をしましょう。🎧 1-54

　　chiens,　animaux,　oiseaux,　chats,　hamsters,　poissons tropicaux

❷ 会話のパターンのリピート練習をしましょう。🎧 1-55

　　A : Vous　　aimez　　les animaux ?
　　B : Oui,　j'aime　beaucoup　　les animaux.
　　　　J'ai　un hamster et deux chats　chez moi.

❸ 同じパターンで絵1〜7について会話しましょう。Vous aimez les animaux ? または Vous aimez les oiseaux ? のように質問していきます。

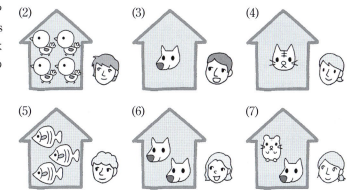

❹ 別の会話パターンのリピート練習をしましょう。🎧 1-56

　　A : Vous　　aimez　　les animaux ?
　　B : Non,　je　　n'aime pas　les animaux.
　　　　Je　n'ai pas　d'animaux　chez moi.

❺ 「動物・犬・鳥・猫・ハムスター・熱帯魚」が好きかどうかを、ペアの人にたずねましょう。ペアの人は、動物は全て嫌いな役柄で答えましょう。

発音　**語末の -er, -ez, -et は、はっきりと [e]**　🎧 1-57

aim<u>er</u>, all<u>er</u>, ch<u>ez</u> moi, vous av<u>ez</u>, <u>et</u>, Mon<u>et</u>

8課 形容詞の性数一致　形容詞の位置

説明 1　形容詞の性数一致　🎧 1-58

① 形容詞は、それが修飾している名詞の性数に一致させます。形容詞の女性形は、原則として男性形にeをつけて作ります。

　　　　un chemisier vert,　des chemisiers vert<u>s</u>

　　　　une jupe vert<u>e</u>,　des jupes vert<u>es</u>

② 原則以外では、次の規則があります。

　男性形が e で終わっている　　→　同じ形を女性形として使う　**rouge, rouge**
　男性形が -er で終わっている　→　-er を -ère に変える　　　　**cher, chère**
　男性形が -f で終わっている　　→　-f を -ve に変える　　　　　**actif, active**
　男性形が -eux で終わっている　→　-eux を -euse に変える　　　**délicieux, délicieuse**

③ 複数形は、名詞複数形と同じ規則（p. 31）に従います。女性の複数形にする時は、まず女性形にしてから複数形にします。vert　→　女性形に vert<u>e</u>　→　そして複数形に vert<u>es</u>

練習 1　形容詞の性数一致　🎧 1-59

色の形容詞の女性形を記入しましょう。

	緑	黒	青	ピンク	赤	黄	白	茶
男性形	vert	noir	bleu	rose	rouge	jaune	blanc	marron
女性形							blanche	marron

練習 2　形容詞の性数一致

絵 1～3 について、会話を完成させましょう。動詞は chercher を使います。

●絵 1　店員 : Vous (　　　　) quelque chose ?
　　　　客 : Je (　　) un pantalon (　　), des chaussures
　　　　　　(　　) et une jupe (　　).

●絵 2　店員 : Vous (　　　　) quelque chose ?
　　　　客 : Je (　　) un pull (　　), une robe (　　) et
　　　　　　un chemisier (　　).

●絵 3　店員 : Vous (　　　) (　　　　) ?
　　　　客 : Je (　　) un jean (　　), un (　　) (　　) et un T-shirt (　　).

説明 2　形容詞の位置　🎧 1-60

ほとんどの形容詞が名詞の後ろに来ます。ただし、以下の例を含む一部の形容詞は名詞の前へ置きます。女性形を記入しましょう。

男性形	grand	petit	mauvais	bon	beau
女性形				bonne	belle

男性形	vieux	nouveau	jeune	joli	gros
女性形	vieille	nouvelle			grosse

練習 3　形容詞の位置

お皿の売り場で、店員から Vous cherchez quelque chose ? と声をかけられたお客が答えています。会話 1 を例として、選択肢から形容詞を 2 つ選び、会話 2～5 のお客の答を書きましょう。この売り場では骨董品も扱っています。

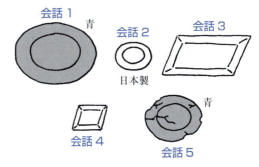

選択肢　grand, petit, vieux, bleu, japonais, carré, rectangulaire

会話 1 の答　Je cherche une grande assiette bleue.

会話 2 の答

会話 3 の答

会話 4 の答

会話 5 の答

練習 4　形容詞の位置

次の会話を読んで、質問に答えましょう。①店員が最初に見せた商品は、お客の気に入りましたか。②2 番目に見せた商品は、どうでしたか。

店員：Vous cherchez quelque chose ?

客：Oui, je cherche un pull blanc.

店員：(ある商品を差し出しながら) Voilà un beau pull blanc !

客：Mmm... Il n'est pas très joli.

店員：Alors... Vous n'aimez pas les pulls noirs ?（別の商品を差し出しながら）Voilà un beau pull noir pour vous !

客：Non... Il est trop petit.（trop + 形容詞：〜すぎる）

練習 5　形容詞の性数一致　🎧 1-61

録音を聞き、お客 1〜5 が何を買いに来ているのかを表にまとめましょう。

	商品と色
お客 1	
お客 2	
お客 3	
お客 4	
お客 5	

練習 6　形容詞の性数一致

❶ 練習 1 の色の形容詞を、リピート練習しましょう。（🎧 1-59）

❷ 洋服類の語彙を、リピート練習しましょう。🎧 1-62

　　　un chemisier, un pull, un T-shirt, un jean, un pantalon, une jupe, une robe, des chaussures

❸ 絵 1 を見ながら会話のリピート練習をしましょう。次に、絵 6 までを使ってペアで会話練習です。
🎧 1-63

　店員：Vous　cherchez　quelque chose ?
　お客：Je　cherche　un pantalon noir,　une robe rose
　　　　　　　et des chaussures noires.

(1) 　(2) 　(3)

(4) 　(5) 　(6)

練習 7　形容詞の位置

❶ 刑事が、犯人を目撃した証人に質問をしています。証人は小さい子どもなので、oui と non でしか答えられません。次の刑事と子どもの会話を聞くと、犯人が絵の A の人物だとわかることを確認して下さい。🎧 1-64

❷ 会話 1〜5 を聞いて、それぞれの犯人を見つけて下さい。🎧 1-65

　刑事：C'est une petite femme ?
　子ども：Oui.
　刑事：C'est une vieille femme ?
　子ども：Non.
　刑事：C'est une jolie femme ?
　子ども：Non.

8課

注：目の下に「しわ」がある女性は
お年寄りという設定です。

 練習 8　形容詞の位置　🎧 1-66

新品も骨董品も売っているお皿売場での会話を聞き、お客が探している商品を日本語で書きましょう。
練習 3 の語彙に chinois という形容詞が加わります。

(1)　　　　　　　　　　　　　(2)
(3)　　　　　　　　　　　　　(4)
(5)　　　　　　　　　　　　　(6)
(7)　　　　　　　　　　　　　(8)

練習 9　形容詞の位置

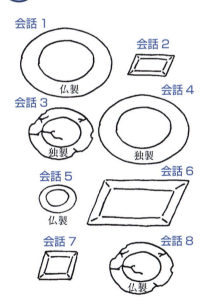

❶ 練習 8 と同じパターンの会話を、絵を見ながら完成させましょう。新たに加わる形容詞は allemand, français です。

店員 : Vous　　cherchez　　quelque chose ?
お客 : Je　　cherche...

(1) une (　　　　　) assiette (　　　　　　　).
(2) une (　　　　　) assiette (　　　　　　　).
(3) une (　　　　　) assiette (　　　　　　　).
(4) une (　　　　　) assiette (　　　　　　　).
(5) une (　　　　　) assiette (　　　　　　　).
(6) une (　　　　　) assiette (　　　　　　　).
(7) une (　　　　　) assiette (　　　　　　　).
(8) une (　　　　　) assiette (　　　　　　　).

❷ ペアを組み、会話文を右から隠しながら何回も繰り返し、最後は絵だけで会話できることを目指しましょう。

発音　語中や語頭の e の読み方（1）　🎧 1-67

アクセント記号がついている時は、はっきりと [e]。

chère,　délicieux,　frère,　Élise,　Maël,　Clément,　Léo

9課 男性単数第二形を持つ形容詞　女性名詞の作り方

説明 1　男性単数第二形を持つ形容詞　🎧 2-1

8課で学習した名詞の前に置く形容詞のうち、beau, nouveau, vieux は男性単数第二形を持っています。

男性単数	第二形	女性単数	男性複数	女性複数
beau	**bel**	belle	beaux	belles
nouveau	**nouvel**	nouvelle	nouveaux	nouvelles
vieux	**vieil**	vieille	vieux	vieilles

第二形は、母音で始まる男性単数名詞の前で使います。

　　　　un bel hôtel, un nouvel hôpital

これは母音の連続を防ぐための形なので、同じ hôtel や hôpital を修飾していても、これらの名詞の直前でなければ普通の男性単数形を使います。

　　　　L'hôtel est beau.（第二形 bel は使わない。）

練習 1　男性単数第二形を持つ形容詞

❶ 案内人が、建築家を連れて古い町並みを歩いています。かっこ内の形容詞を適切な形にして会話を作りましょう。

2人は由緒あるレストランの前で立ち止まりました。

　　　建築家：C'est un (beau　　　　　) restaurant !
　　　案内人：Il est un peu (vieux　　　　　), non ?
　　　建築家：Oui, c'est un (vieux　　　　　) restaurant, mais il est (beau　　　　　).

2人は由緒あるホテルの前で立ち止まりました。

　　　建築家：C'est un (beau　　　　　) hôtel !
　　　案内人：Il est un peu (vieux　　　　　), non ?
　　　建築家：Oui, c'est un (vieux　　　　　) hôtel, mais il est (beau　　　　　).

2人は由緒ある学校の前で立ち止まりました。

　　　建築家：C'est une (beau　　　　　) école !
　　　案内人：Elle est un peu (vieux　　　　　), non ?
　　　建築家：Oui, c'est une (vieux　　　　　) école, mais elle est (beau　　　　　).

説明 2　女性名詞の作り方　🎧 2-2

国籍や職業を表す名詞の多くは、男性名詞から女性名詞を作ることができます。原則として男性名詞に e をつけると女性名詞になります。

　　　　étudiant, étudiante　　　**employé, employée**

ただし男性名詞の語末が、

-e の時　　→　そのまま　　　　　**journaliste, journaliste**
-er の時　 →　-ère に変える　　 **ouvrier, ouvrière**
-eur の時　→　-euse に変える　 **vendeur, vendeuse**
-teur の時　→　-trice に変える　**acteur, actrice**
-en の時　 →　-enne に変える　 **lycéen, lycéenne　informaticien, informaticienne**

練習 2　女性名詞の作り方

Lucas と Jules が、お互いの家族の職業について話しています。図を見て会話を完成させましょう。

Lucas : Chloé est informaticienne.
Jules : Ah bon ? Nathan aussi,
　　　il est (　　　　).
Lucas : Hugo est employé.
Jules : Ah bon ? Zoé aussi,
　　　elle est (　　　　).
Lucas : Alice est (　　　　).
Jules : Ah bon ? (　　　　　　　).
Lucas : Manon est (　　　　).
Jules : Ah bon ? (　　　　　　　).

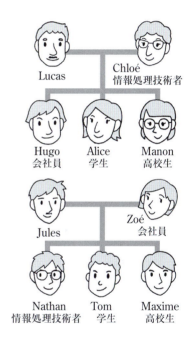

練習 3　女性名詞の作り方

今度は Juliette と Lucie が、お互いの家族の職業について話しています。練習 2 と同じパターンの会話文を書きましょう。

Juliette : ...
Lucie : ...

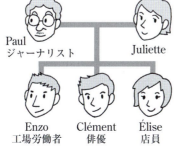
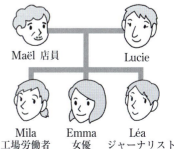

練習 4　男性単数第二形を持つ形容詞　🎧 2-3

録音では、案内人が町並みを案内しています。
それを聞くと、右のような地図が出来上がります。

案内人：D'abord, à gauche, un vieux restaurant. Ensuite, à droite, une belle église. Puis, à gauche, un bel hôpital. Et, à droite, une vieille école.

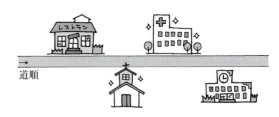

残りの録音も聞いて、地図を完成させましょう。新たに加わる語彙は café, gare, maison です。

(1)

→
道順

(2)

→
道順

(3)

→
道順

(4)

→
道順

練習 5　男性単数第二形を持つ形容詞　🎧 2-4

練習 1 と同様の会話を完成させ、右から隠しながらペア練習をしましょう。

(1) 建築家：C'est　　　un (　　　)　café !
　　案内人：Il　　est　　un peu　(　　　)，non ?
　　建築家：Oui, c'est　un (　　　)　café,　mais il est　(　　　).
(2) 建築家：C'est　　　un (　　　)　hôpital !
　　案内人：Il　　est　　un peu　(　　　)，non ?
　　建築家：Oui, c'est　un (　　　)　hôpital,　mais il est　(　　　).
(3) 建築家：C'est　　　une (　　　)　église !
　　案内人：Elle　est　　un peu　(　　　)，non ?
　　建築家：Oui, c'est　une (　　　)　église,　mais elle est　(　　　).

練習 6　女性名詞の作り方

❶ 説明 2 の職業の語彙を、聞いて確認しましょう。(🎧 2-2)

9課

❷ ここはワンルームマンション群です。録音の冒頭部分を聞くと、A棟に2人の男子大学生と1人の男性会社員が住んでいることがわかります。🎧 2-5

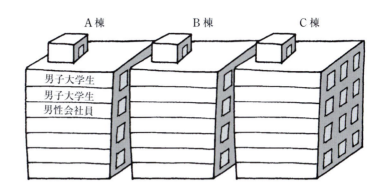

録音の冒頭部分：
  Les habitants de l'immeuble A sont deux étudiants, un employé...

録音の残りを聞いて、A～C棟までの部屋をうめましょう。

練習7　女性名詞の作り方

❶ まず、練習2で使ったパターンをリピート練習しましょう。🎧 2-6

  Lucas : Chloé est informaticienne.

  Jules : Ah bon ? Nathan aussi, il est informaticien.

❷ 図と語彙を見ながら、Lucas と Jules の家族についてパターン練習をしましょう。職業の語彙は、右から少しずつ隠せるように配置されています。

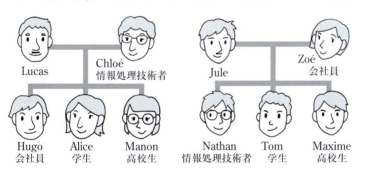

informaticien
informaticienne
employé
employée
étudiant
étudiante
lycéen
lycéenne

🎵 発音　語中や語頭の e の読み方（2）　🎧 2-7

① e の後に子音字が2つ続く場合は、はっきりと [e]

belle,　nou**ve**lle,　**re**staurant,　lyc**é**e**nne**,　Julie**tte**,

rectangulaire,　**ve**rte

② e の後に子音字が1つだけの場合は、読まない、または弱く [ə]

chemisier,　**pe**tit,　alle**ma**nd,　vous **re**gardez,　gal**e**rie,　m**e**lon

41

10課 所有形容詞

説明1 所有形容詞 🎧 2-8

「私の」＋男性単数名詞 → **mon fils**
「私の」＋女性単数名詞 → **ma fille**
「私の」＋男女複数名詞 → **mes enfants**

主語	→ 所有形容詞	男性単数	女性単数	男女複数
je	→ 私の	mon	ma (mon)	mes
tu	→ 君の	ton	ta (ton)	tes
il, elle	→ 彼(女)の	son	sa (son)	ses
nous	→ 私たちの	notre		nos
vous	→ あなた(方)の	votre		vos
ils, elles	→ 彼(女)たちの	leur		leurs

練習1 所有形容詞

フランス語に直しましょう。
(1) 私たちの息子　(2) 彼らの娘たち　(3) 彼女の息子たち
(4) 彼の娘　(5) あなた方の息子　(6) 君の娘たち

説明2 所有形容詞

上の表にある (mon), (ton), (son) は、後ろに「女性単数で母音始まり」の名詞が続く時に使います。母音の連続を防ぐためです。

私の＋学校 **école** (*f.*) → ma ではなく、**mon école**

練習2 所有形容詞

Chloé が自分の家族親族の写真(1)〜(6)を友だちに見せ、友だちからの質問を受けています。図を参考にして、かっこに所有形容詞と職業を記入しましょう。

(1) 友だち : C'est ton mari ?
　　　Chloé : Oui, c'est (　) mari. Il est (　　　　　).

(2) 友だち : Ce sont (　) enfants ?
　　　Chloé : Oui, ce sont (　) (　　　　　).
　　　　　　　Jules est (　　　　) et Léa est (　　　　　).

(3) 友だち : C'est (　) frère ?
　　　Chloé : Oui, c'est (　) (　　　　). Il est (　　　　　).

(4) 友だち : C'est (　) femme ?
　　　Chloé : Oui, c'est (　) femme. Elle (　　　) (　　　　).

(5) 友だち : C'est leur (　　　　) ?
　　　Chloé : Oui, c'est leur (　　　). Il (　　　) (　　　　).

(6) 友だち : C'est (　) fille ?
　　　Chloé : Oui, c'est (　) fille. Elle (　　　) (　　　　).

練習3　所有形容詞

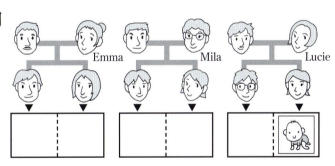

仲良しお母さん Emma, Mila, Lucie が自分のこどもたちの写真の整理をしています。赤ちゃんの頃の写真なので、みな似ていて区別がつきません。1枚の写真についての会話を読んで下さい。Lucie は、今は別の部屋にいます。

　　　Emma : C'est ta fille ?
　　　Mila : Euh... Non, c'est sa fille, non ?

この会話により左の写真は Lucie の娘だとわかり、図の右下の位置に入ります。写真のすぐ上の女の子が、現在の姿を表しています。会話の続きを読んで写真1〜3を図にはめましょう。2人一緒の写真もあります。

(1) 　(2) 　(3)

(1) Emma : Ce sont ses enfants ?
　　　Mila : Non, ce sont mes enfants.
(2) Emma : C'est son fils ?
　　　Mila : Euh... Non, c'est ton fils, non ?
(3) Emma : Et ça, c'est ton fils ?
　　　Mila : Ah non, c'est ma fille.

練習 4　所有形容詞　🎧 2-9

Emma と Mila が練習 3 と同様の会話をしています。会話 1 を聞くと、それは図の写真 d についてだとわかります。残りの会話も聞き、どの写真についてかを見つけましょう。Emma が先に話し、Mila が答えます。

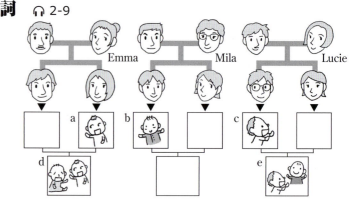

練習 5　所有形容詞　🎧 2-10

3 組の仲良し夫婦が自分たちの犬の写真の整理をしています。同じ犬種なので、みな似ていて区別がつきません。1 枚の写真についての Martin 夫妻と Leblanc 夫妻の会話を聞いて下さい。3 組目の Dupont 夫妻は今は別室にいます。

M. Martin : Ce sont vos chiens ?

Mme Leblanc : Euh... Oui, ce sont nos chiens.

この会話を聞くと、写真は Leblanc 夫妻の犬たちであることがわかり、写真を図の正しい位置に入れることができました。写真 a〜e の会話を聞いて、図の正しい番号を見つけましょう。

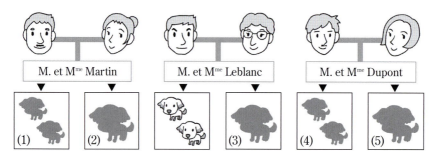

練習 6　所有形容詞

❶ 親族の語彙をリピート練習しましょう。🎧 2-11

　　mari, femme, fils, fille, enfant, frère, sœur

❷ かっこを同じ職業の女性形（p.39）でうめてから、リピート練習しましょう。🎧 2-12

　　journaliste, journaliste　　　ouvrier, (　　　　)
　　vendeur, (　　　　)　　　　employé, (　　　　)
　　informaticien, (　　　　)　　étudiant, (　　　　)
　　lycéen, (　　　　)

❸ 練習 2 と同様の会話です。今度は Hugo が自分の親族の写真 1〜5 を友だちに見せ、友だちからの質問を受けています。まず、かっこをうめて会話を準備してから、ペア練習を繰り返し行いましょう。
🎧 2-13

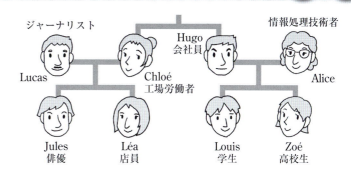

(1)
友だち：C'est　　　ta　　　femme ?
Hugo：Oui, c'est　（　　）femme.
　　　Elle　　est　　（　　　　　）.

(2)
友だち：Ce sont　　（　　）enfants ?
Hugo：Oui, ce sont （　　）enfants.
　　　Louis　est　（　　　　　）.
　　　Zoé　　est　（　　　　　）.

(3)
友だち：C'est　　　（　　）sœur ?
Hugo：Oui, c'est　（　　）sœur.
　　　Elle　　est　（　　　　　）.

(4)
友だち：C'est　　　（　　）mari ?
Hugo：Oui, c'est　（　　）mari.
　　　Il　　est　　（　　　　　）.

(5)
友だち：Ce sont　　（　　）enfants ?
Hugo：Oui, ce sont （　　）enfants.
　　　Jules　est　（　　　　　）.
　　　Léa　　est　（　　　　　）.

発音　語末の子音字
🎧 2-14

語末の子音字は原則として読みません。

　　enfant, ce sont, étudiant, vous pensez, restaurant

ただし語末の -c, -f, -l, -r は読むこともあります。

　　読まない場合 ouvrier, aimer　　読む場合 leur, sœur, hôtel, sac

複数の -s, -x は読みません。

　　enfants, ouvriers, sœurs, hôtels, sacs, oiseaux

11課　近接未来　近接過去

説明 1　近接未来　🎧 2-15

① 動詞 aller を復習しましょう。(p. 22)
② 近接未来は近い未来です。具体的な時間制限はありません。話者が「これは近いうちに実現する」と思っている時に使う時制です。

近接未来 ＝ 主語 ＋ aller 活用形 ＋ 不定詞

Mon frère va travailler dans une banque.

Ma fille ne va pas étudier dans une université.

否定は、活用している動詞部分（ここでは aller）を ne... pas ではさみます。

練習 1　近接未来　🎧 2-16

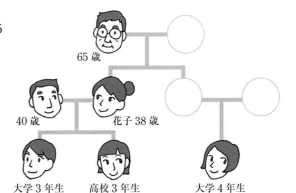

3月末で進学や就職等の時を迎えた日本人家族です。花子が自分の家族の写真を見せながら、説明をしています。例にならい選択肢から表現を選び、近接未来形にして説明を完成させましょう。

選択肢　avoir une augmentation, chercher un poste, étudier dans une université, prendre sa retraite, travailler dans une banque

例 (1) 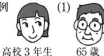 (2)  (3) (4)
高校3年生　65歳　大学4年生　大学3年生　40歳

例　C'est ma fille. Elle va étudier dans une université.

(1) C'est (　　　　　　　　　　　　　　　　　　).
(2) C'est (　　　) nièce. Elle (　　　　　　　　　).
(3) C'est (　　　　　　　　　　　　　　　　　　).
(4) C'est (　　　　　　　　　　　　　　　　　　).

説明 2　動詞 venir　🎧 2-17

je viens	tu viens	il vient	elle vient
nous venons	vous venez	ils viennent	elles viennent

説明3　近接過去　🎧 2-18

「～したばかりだ」というニュアンスを出したい時には近接過去を使います。

近接過去 ＝ 主語 ＋ venir 活用形 ＋ de ＋ 不定詞

Je viens de terminer mes études.　　　　**Il vient de réussir à un concours.**

練習2　近接過去　🎧 2-19

今は3月末です。花子さんの家族のメンバーが質問に答えています。選択肢から表現を選び、近接過去と近接未来で答を書きましょう。son 等の所有形容詞は、形を変える必要があります。

選択肢　avoir une mutation, écrire son C.V., quitter son emploi,

réussir à un concours d'entrée, terminer ses études

大学4年生

例　質問：Vous allez travailler dans une banque ?

　　答：Oui, je viens de terminer mes études. Et je vais travailler dans une banque.

65歳

(1) 質問：Vous allez prendre votre retraite ?

　　答：

高校3年生

(2) 質問：Vous allez étudier dans une université ?

　　答：

大学3年生

(3) 質問：Vous allez chercher un poste ?

　　答：

40歳

(4) 質問：Vous allez avoir une augmentation ?

　　答：

練習3　近接未来と近接過去

例にならって作文しましょう。例：入試に合格したが、進学せずに、働くことを決めた高校生の発言です。

« Je viens de réussir à un concours d'entrée. Mais je ne vais pas étudier dans une université. Je vais travailler. »

(1) 転職をはかっている社会人の発言（これから会社を辞め、職を探す）。
(2) 一旦は引退したが、職をさがして、また働こうと考えている人の発言。
(3) これからも昇給がないので、会社を辞めようとしている人の発言。

練習4

AさんとBさんは、どのようにして自分の進路を決めたのでしょうか。

Aさん « Je viens de terminer mes études d'économie à l'université. Je vais travailler dans une banque. »

Bさん « Je viens de réussir à un concours de cuisine. Je vais travailler dans un restaurant à Paris. »

練習 5　近接未来　🎧 2-20

❶ 練習 1, 2 の選択肢を聞きましょう。
（🎧 2-16, 19）

❷ 太郎が、家族の写真を見せて説明しています。今は 3 月末で、日本では進学や就職などの時期です。録音の 1 番を聞くと、

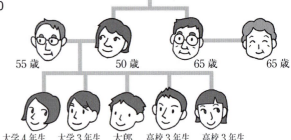

(1) Il va chercher un poste.

これは大学 3 年の兄の説明であることがわかります。残りの録音は、誰の説明ですか。

練習 6　近接未来

❶ 職業の語彙（p.39）を聞きましょう。（🎧 2-2）

❷ 次の録音(1)を聞くと、「会社員として働くかたわら、演劇学校に通う男性」の説明であることがわかります。🎧 2-21

録音(1)　Il est employé maintenant. Mais bientôt, il va être acteur.

残りの録音も聞いて、誰の説明であるかを当てましょう。
(a) 店員として働くかたわら、演劇学校に通う女性
(b) 高校でコンピューターについて学習している男子高校生
(c) 今は子育てに専念しているが、もうすぐ子育てが終わる母親
(d) もうすぐ退職の男性会社員
(e) 工場で働くかたわら、経済学の大学院に通う女性
(f) 店員として働くかたわら、コンピューターの専門学校に通う男性
(g) 大学でジャーナリズムを専攻している学生
(h) 予備校に通う女子高校生

練習 7　近接過去　🎧 2-22

ある家族の発言 1〜5 を聞き、以下の誰が発言したのかを当てましょう。今は日本の 3 月という設定です。
(a) 退職したばかりのお父さん　(b) 社会人の一郎　(c) 大学 4 年の二郎
(d) 大学 3 年の三郎　(e) 高校 3 年の四郎

練習 8　近接未来　近接過去　🎧 2-23

❶ 練習 1, 2 の選択肢の表現を、リピート練習しましょう。

11課

❷ 花子さんが質問を受けています。まず、会話を完成させましょう。日本の3月という設定です。

❸ ペアになり、右から会話文を隠しながら、繰り返し練習します。

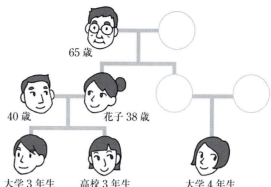

65歳

40歳　　花子 38歳

大学3年生　　高校3年生　　大学4年生

(1) 大学3年生
質問：C'est　　　　votre　　　　　fils ?
花子：Oui,　c'est　(　　)　fils.
　　　Il　(　　　　　　　　　)　son C.V.
　　　Et il　(　　　　　　　　　)　un poste.

(2) 高校3年生
質問：C'est　　　(　　)　fille ?
花子：Oui,　c'est　(　　)　fille.
　　　Elle　(　　　　　　　)　à un concours　d'entrée.
　　　Et elle　(　　　　　　　)　dans une　université.

(3) 40歳
質問：C'est　　　(　　)　mari ?
花子：Oui,　c'est　(　　)　mari.
　　　Il　(　　　　　　　　　)　une mutation.
　　　Et il　(　　　　　　　　　)　une augmentation.

(4) 大学4年生
質問：C'est　　　(　　)　nièce ?
花子：Oui,　c'est　(　　)　nièce.
　　　Elle　(　　　　　　　)　ses études.
　　　Et elle　(　　　　　　　)　dans une banque.

(5) 65歳
質問：C'est　　　(　　)　père ?
花子：Oui,　c'est　(　　)　père.
　　　Il　(　　　　　　　　　)　son emploi.
　　　Et il　(　　　　　　　　　)　sa retraite.

発音　c, ç の読み方（後ろの母音字に注目）　🎧 2-24

ce, ci, cy [s] → c'est, nièce, Lucie, lycéen, bicyclette 自転車

ca, co, cu [k] → Lucas, café, concours, école, culture 文化

ただし ça, ço, çu [s] → français, garçon 男の子

（参考：commencer の活用）

12課　-ir 動詞　指示形容詞　人称代名詞の直接目的補語

説明 1　-ir 動詞　🎧 2-25

-er 動詞よりも数は少ないのですが、-ir 動詞も規則活用をします。

choisir	je chois<u>is</u>	nous chois<u>issons</u>
	tu chois<u>is</u>	vous chois<u>issez</u>
	il/elle chois<u>it</u>	ils/elles chois<u>issent</u>

練習 1　-ir 動詞

finir と agrandir の活用形を主語をつけて書きましょう。

説明 2　指示形容詞　🎧 2-26

「この・その・あの」にあたりますが、近くの「この」・遠くの「あの」のような遠近の区別はしません。

	単数	複数
男性	ce (cet)	ces
女性	cette	

練習 2　-ir 動詞　指示形容詞

主語に合わせて choisir, agrandir のいずれかを活用させ、指示形容詞をつけた名詞を使って文を完成させましょう。

(1) このウィンドウ fenêtre (*f.*) を拡大する。　Nous...
(2) これらのウィンドウを拡大する。　Tu...
(3) この単語 mot (*m.*) を選ぶ。　Je...
(4) これらの単語を選ぶ。　Il...
(5) このパソコン ordinateur (*m.*) を選ぶ。　Vous...
(6) これらのパソコンを選ぶ。　Elles...

練習 3　指示形容詞

❶ 教員が生徒に指示を出しています。その指示が(1)だと、「こんにちは」という 1 つの文が選択されて色が反転し、画面(a)になります。指示が(2)だと、画面(b)になります。

(1) Vous sélectionnez <u>cette</u> phrase.
(2) Vous sélectionnez <u>ces</u> phrases.

❷ パソコン画面が c〜h になるためには、どのような指示が必要で

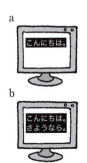

しょうか。選択肢の動詞・名詞と、指示形容詞を使いましょう。

選択肢　動詞　agrandir,　ouvrir（不規則活用），rechercher
　　　　名詞　fenêtre (*f.*),　fichier (*m.*),　mot (*m.*)

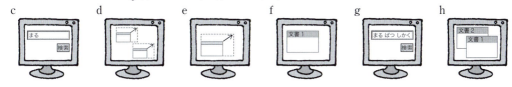

説明3　人称代名詞の直接目的補語　🎧 2-27

「私を」「あなた方を」「彼らを」など、直接目的補語になる人称代名詞です。

主語	直接目的補語	主語	直接目的補語
je	me (m')	nous	nous
tu	te (t')	vous	vous
il	le (l')	ils	les
elle	la (l')	elles	

主語 il, elle, ils, elles と同じく、le, la, les は人だけでなく物にも使えます。

　語順：主語 + 代名詞 + 動詞

Vous copiez ces phrases, puis vous les collez.

J'ouvre cette fenêtre, puis je l'agrandis.

練習4　人称代名詞の直接目的補語

例にならって作文しましょう。

例　il, sélectionner cette partie, supprimer cette partie
　　→ Il sélectionne cette partie, puis il la supprime.

(1) je, copier ces phrases, coller ces phrases

(2) tu, entrer ces données, enregistrer ces données

(3) ils, rechercher ce mot, remplacer ce mot par un « x »

(4) elle, ouvrir (-ir 動詞ではなく，不規則) cette fenêtre, fermer cette fenêtre

(5) vous, ouvrir ce fichier, éditer ce fichier

(6) nous, agrandir cette fenêtre, réduire（不規則）cette fenêtre

練習5

教員は、なぜ生徒に次のような指示を出したのでしょうか。

指示(1)　« D'abord, vous agrandissez cette fenêtre. Elle est trop petite pour éditer le fichier. »

指示(2)　« Vous supprimez ces deux phrases. Le texte est trop long. »

練習 6　指示形容詞

❶ 練習 3 で使った語彙を、聞いて確認しましょう。🎧 2-28

　動詞　sélectionner, agrandir, ouvrir, rechercher
　名詞　phrase, fenêtre, fichier, mot

❷ 練習 3 と同様の内容を、聞き取りで行います。指示 1～8 を受けた結果、パソコンは画面 a～h のどれになるでしょうか。🎧 2-29

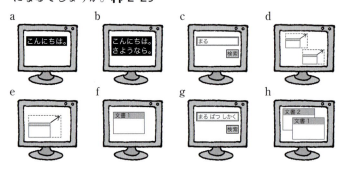

練習 7　-ir 動詞　指示形容詞

❶ 教員が生徒にパソコン操作を指示しています。教員の指示 1 にならって、指示 2～6 を完成させましょう。
🎧 2-30

　　　　生徒 : Qu'est-ce que　　　je　　　fais　　　maintenant ?

指示 1 : この単語を検索
　　　　Eh bien, vous　　recherchez　　ce　　mot.

指示 2 : この部分を選択
　　　　Eh bien, vous　　(　　　　)　(　　)　(　　　　　).

指示 3 : これらの文をコピー
　　　　Eh bien, vous　　(　　　　)　(　　)　(　　　　　).

指示 4 : これらのデータを入力
　　　　Eh bien, vous　　(　　　　)　(　　)　(　　　　　).

指示 5 : このウィンドウを拡大
　　　　Eh bien, vous　　(　　　　)　(　　)　(　　　　　).

指示 6 : このウィンドウを開ける
　　　　Eh bien, vous　　(　　　　)　(　　)　(　　　　　).

❷ 指示 1～6 の表現を、リピート練習しましょう。

❸ 会話文を右から隠しながら、何回もペアで練習しましょう。生徒のせりふは常に Qu'est-ce que je fais maintenant ? です。

12課

練習8　人称代名詞の直接目的補語　🎧 2-31

❶ 録音の1番 Vous ouvrez ce fichier, puis vous le fermez. という指示は、選択肢(a)〜(f)と(g)〜(s)を利用すると次のように図示することができます。

　　　この［1つ］の(f 文書)を、(q 開ける)　→(n 閉じる)

(a) ウィンドウ	(b) 単語	(c) データ	(d) 部分	(e) 文	(f) 文書
(g) 拡大	(h) 検索	(i) コピー	(j) 削除	(k) 縮小	(l) 選択
(m) 置換	(n) 閉じる	(o) 入力	(p) 貼付け	(q) 開ける	(r) 編集
(s) 保存					

❷ 録音2〜8も、同じように図示しましょう。先頭の[ ]には、「1つ」または「複数」のどちらかを記入します。

練習9　人称代名詞の直接目的補語　🎧 2-32

❶ 教員が生徒にパソコン操作を指導しています。(1)の例にならって会話文を完成させましょう。

(1) 1つの部分を選択　　生徒：Je (sélectionne) (cette) (partie) ?
　　→削除　　　　　　教員：Oui, puis vous (la) (supprimez).

(2) 複数の文をコピー　　生徒：Je (　　) (　) (　　　　　　) ?
　　→貼付け　　　　　教員：Oui, puis vous (　) (　　　　　　).

(3) 複数のデータを入力　生徒：J' (　　　) (　) (　　　　　　) ?
　　→保存　　　　　　教員：Oui, puis vous (　) (　　　　　　).

(4) 1つのウィンドウを開く　生徒：J' (　　　) (　) (　　　　　　) ?
　　→閉じる　　　　　教員：Oui, puis vous (　) (　　　　　　).

(5) 1つのファイルを開く　生徒：J' (　　　) (　) (　　　　　　) ?
　　→編集　　　　　　教員：Oui, puis vous (　) (　　　　　　).

(6) 1つの単語を検索　　生徒：Je (　　) (　) (　　　　　　) ?
　　→x に置換　　　　教員：Oui, puis (　) (　　　　　　) par un « x ».

(7) 1つのウィンドウを拡大　生徒：J' (　　　) (　) (　　　　　　) ?
　　→縮小　　　　　　教員：Oui, puis vous (　) (　　　　　　).

❷ リピート練習してから、ペアで会話を繰り返しましょう。

発音　g の読み方（後ろの母音字に注目）　🎧 2-33

ge, gi, gy [ʒ]　→ rou**g**e, villa**g**e, enre**g**istrer
ga, go, gu [g]　→ **g**arçon, **g**are, **g**auche, Hu**g**o, accent ai**g**u
ただし gea [ʒa]，geo [ʒo]，geu [ʒø]
　　　→ manger を活用させてみましょう。

13課 質問の作り方　de と定冠詞の縮約

説明 1　質問の作り方（1）　🎧 2-34

質問を作る時は、原則として次の3方法が使われます。

① 文の語順はそのままで、イントネーションを文末で上げる。会話でよく使われる方法です。

Vous supprimez cette partie ?

② 語順はそのままで、文頭にEst-ce queをつける。話し言葉でも書き言葉でも使えます。

Est-ce que vous supprimez cette partie ?

③ 主語と動詞を倒置してハイフンでつなぐ。主に書き言葉として使います。

Supprimez-vous cette partie ?

練習 1　質問の作り方

以下の文を、3つの方法で質問に変えましょう。

(1) Vous fermez cette fenêtre.　　(2) Vous ouvrez ces fichiers.

練習 2　質問の作り方

教員がパソコン操作を説明しますが、せっかちな生徒AとBが先回りして次の操作を言ってしまいます。比較すると、生徒Bは的はずれな事を言っていますので、的確な反応をしたのは生徒Aです。

　　　教員 : Alors maintenant, j'ouvre ce fichier.
　　生徒A : Est-ce que vous l'éditez ensuite ?
　　生徒B : Vous les agrandissez ensuite ?

会話(1)〜(5)に関して、的確な反応をしているのは生徒A、Bどちらですか。

(1)　教員 : Alors maintenant, j'ouvre cette fenêtre.
　　生徒A : Vous les agrandissez ensuite ?
　　生徒B : Est-ce que vous la fermez ensuite ?

(2)　教員 : Alors maintenant, je copie cette phrase.
　　生徒A : Est-ce que vous la collez ensuite ?
　　生徒B : Est-ce que vous la fermez ensuite ?

(3)　教員 : Alors maintenant, je sélectionne ces fichiers.
　　生徒A : Vous le copiez ensuite ?
　　生徒B : Vous les supprimez ensuite ?

(4) 教員 : Alors maintenant, j'ouvre cette fenêtre.
　　生徒A : Est-ce que vous la réduisez ensuite ?
　　生徒B : Vous le collez ensuite ?
(5) 教員 : Alors maintenant, j'entre ces données.
　　生徒A : Vous la remplacez par un « x » ?
　　生徒B : Est-ce que vous les enregistrez ensuite ?

練習 3 　質問の作り方

倒置には、複雑な操作が必要になる場合があります。次の文を倒置で質問に作りかえましょう。

(1) Il supprime cette partie.
(2) Il a un chien.
(3) Il finit ce travail.

説明 2 　質問の作り方（2）　🎧 2-35

疑問詞がある場合も、質問の作り方は同じです。
① 文の語順はそのままで、イントネーションを文末で上げる方法。**Vous allez où ?**
② 文頭に疑問詞と est-ce que をつける方法。**Où est-ce que vous allez ?**
③ 疑問詞を文頭に置き，主語と動詞を倒置してハイフンでつなぐ方法。**Où allez-vous ?**

説明 3 　de と定冠詞の縮約　🎧 2-36

前置詞 de の後ろに定冠詞 le, les が続くと、縮約という現象がおきます。(5課 p. 22 復習)

de + le	→ du
de la	→ 変化なし
de l'	→ 変化なし
de les	→ des

　　à droite de + le canapé　　→　à droite du canapé
　　à droite de + la chaise　　→　à droite de la chaise
　　à gauche de + l'étagère　　→　à gauche de l'étagère
　　à gauche de + les coussins　→　à gauche des coussins

練習 4 　de と定冠詞の縮約

絵を見て、かっこをうめましょう。

La table est (　　　　　　　) canapé. L'armoire est (　　　　　　　) table.
Les chaises sont (　　　　　　　) canapé. L'étagère est (　　　　　　　) chaises.

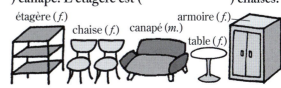
étagère (*f.*)　chaise (*f.*)　canapé (*m.*)　armoire (*f.*)　table (*f.*)

練習 5　質問の作り方　🎧 2-37

練習 2 と同様の問題をききとりで行いましょう。的確な反応をした生徒に印をつけます。問題(5)以降は、教員のせりふも聞きとる必要があります。

(1) 教員：Alors maintenant, j'ouvre ce fichier.　□生徒A　□生徒B
(2) 教員：Alors maintenant, j'entre ces phrases.　□生徒A　□生徒B
(3) 教員：Alors maintenant, je sélectionne cette partie.　□生徒A　□生徒B
(4) 教員：Alors maintenant, je recherche ces mots.　□生徒A　□生徒B
(5) □生徒A　□生徒B　　(6) □生徒A　□生徒B
(7) □生徒A　□生徒B　　(8) □生徒A　□生徒B

練習 6　質問の作り方　🎧 2-38

❶ (1)にならい、練習 5 と同様の会話文を完成させましょう。

(1) 1つのファイルを開く　　教員：Alors maintenant,　j'(ouvre)　ce (fichier).
　→編集？　　　　　　　　生徒：(Est-ce que) vous　(l'éditez)　ensuite ?
(2) 1つのウィンドウを開く　教員：Alors maintenant,　j'(　)　cette (　).
　→拡大？　　　　　　　　生徒：(　) vous　(　)　ensuite ?
(3) 複数の文をコピー　　　教員：Alors maintenant,　je (　)　ces (　).
　→貼付け？　　　　　　　生徒：(　) vous　(　)　ensuite ?
(4) 1つの部分を選択　　　　教員：Alors maintenant,　je (　)　cette (　).
　→削除？　　　　　　　　生徒：(　) vous　(　)　ensuite ?
(5) 複数のデータを入力　　教員：Alors maintenant,　j'(　)　ces (　).
　→保存？　　　　　　　　生徒：(　) vous　(　)　ensuite ?
(6) 1つのファイルを保存　教員：Alors maintenant,　j'(　)　ce (　).
　→閉じる？　　　　　　　生徒：(　) vous　(　)　ensuite ?

❷ リピート練習してから、ペアで会話を繰り返しましょう。

練習 7　de と定冠詞の縮約

❶ 家具の語彙を、聞いて確認しましょう。🎧 2-39

canapé (*m.*), fauteuil (*m.*), armoire (*f.*), chaise (*f.*), étagère (*f.*), table (*f.*)

❷ 家具展示会の準備が行われています。次の会話を聞くと、絵のような家具配置になることを確認して下さい。🎧 2-40

部下：Où est-ce que je mets cette table ?
監督：Tu la mets à gauche du canapé. Et tu mets deux chaises à droite du canapé.

13課

❸ 会話1～5を聞いて、絵を完成させましょう。 🎧 2-41

会話 1

会話 2

会話 3

会話 4

会話 5

練習8　de と定冠詞の縮約　🎧 2-42

会話(1)が行われた結果、絵0が絵1のようになりました。続けて会話2～4を完成させ、最終的に絵4の配置になるようにして下さい。そして、ペアで会話練習です。

絵0 ⟶ 絵1 ⟶ 絵2 ⟶ 絵3 ⟶ 絵4

(1) 部下 : Où est-ce que　je mets　ces　chaises ?
　　監督 : À gauche　du　canapé,　s'il te plaît.

(2) 部下 : Où est-ce que　je mets　(　　)　(　　) ?
　　監督 : À droite　(　　)　(　　),　s'il te plaît.

(3) 部下 : (　　)　je mets　(　　)　(　　) ?
　　監督 : (　　)　(　　)　(　　),　s'il te plaît.

(4) 部下 : (　　)　(　　)　(　　)　(　　) ?
　　監督 : (　　)　(　　)　(　　),　(　　).

発音　s, ss の読み方　🎧 2-43

母音字 + s + 母音字の場合　　s = [z]　phr**a_se**, vous réduisez, chai_se

上記以外のすべての s　　s = [s]　_s_upprimer, en_s_uite, _s_électionner

母音字 + ss + 母音字の場合　　ss = [s]　vous agrandi_ss_ez, cou_ss_in

14課 複合過去（助動詞 avoir）

説明1　複合過去の肯定形　🎧 2-44

過去の出来事は複合過去で表します。助動詞には avoir と être があり、14 課では助動詞 avoir の複合過去を学習します。-er 動詞の過去分詞は、-er の部分を -é に変えると出来上がります。

複合過去 ＝ 主語 ＋ 助動詞 avoir の活用形 ＋ 過去分詞

acheter	j'ai acheté	nous avons acheté
	tu as acheté	vous avez acheté
	il a acheté	ils ont acheté
	elle a acheté	elles ont acheté

説明2　複合過去の否定形　🎧 2-45

否定形は助動詞を ne... pas ではさみます。

acheter	je n'ai pas acheté	nous n'avons pas acheté
	tu n'as pas acheté	vous n'avez pas acheté
	il n'a pas acheté	ils n'ont pas acheté
	elle n'a pas acheté	elles n'ont pas acheté

練習1　複合過去

❶ visiter を複合過去の肯定形に活用させましょう。
❷ voir（不規則活用）を複合過去の否定形に活用させましょう。

練習2　複合過去（1人称の主語）

絵に合わせ、選択肢の動詞を複合過去にして、作文しましょう。(1)

選択肢　acheter, déjeuner, faire, prendre, visiter, voir

(1) 凱旋門を見て、Tシャツを買い、エスプレッソを飲んだ鈴木氏の発言です。

　　D'abord, j'(　　　　　　　　　　　).
　　Puis, j'(　　　　　　　　　　　).
　　Et j'(　　　　　　　　　) dans un café.

l'Arc de triomphe　　un T-shirt　　un express

(2)

le Louvre　　un restaurant　　des achats

注：ここの un express は「1杯のエスプレッソ」という意味です。

(2) ルーブル見学、レストランで昼食、午後は買い物をした田中夫妻の発言です。

Le matin, nous (   ).

Nous (   ) dans un restaurant.

L'après-midi, nous (   ).

練習 3　複合過去（3人称単数の主語）

Alice と Léo は昨日の食事で、いつもとは違う物を食べました。絵を見ながら完成させましょう。

(1) Alice
(2) Léo

(1) D'habitude, Alice mange du poisson. Mais hier, elle (   ) de poisson.

Elle (   ) de la viande. 注：部分冠詞も、否定の de に変わります。

(2) D'habitude, Léo boit du café. Mais hier, il (   ) de café. Il (   ) du thé.

練習 4　複合過去（3人称複数の主語）

旅行代理店での会話です。添乗員 B が担当した昨日の観光客たちは、当然するべき観光を行いませんでした。voir, visiter, prendre から 1 つ動詞を選んで、会話を完成させましょう。
注：定冠詞は、否定の de にはなりません。

(1) 添乗員A : Les touristes (   ) la Joconde ?

添乗員B : Non, (   ).

(2) 添乗員A : Les touristes (   ) la tour Eiffel ?

添乗員B : Non, (   ).

(3) 添乗員A : Les touristes (   ) le bateau-mouche ?

添乗員B : Non, (   ).

(4) 添乗員A : Les touristes (   ) le château de Versailles ?

添乗員B : Non, (   ).

(5) 添乗員A : Les touristes (   ) la Vénus de Milo ?

添乗員B : Non, (   ).

練習 5

ある添乗員の「ぼやき」です。なぜ dommage な結果になったと考えられますか。

« Normalement, les touristes aiment le TGV. Mais les touristes japonais d'hier n'ont pas pris le TGV. C'est dommage ! C'est peut-être parce qu'ils ont leur propre TGV au Japon, le Shinkansen. »

練習 6　複合過去（1人称単数の主語）　🎧 2-46

練習 2 の(1)を参考に会話文を完成させます。リピート練習のあと、ペアで会話練習をしましょう。

(1)　(2)　(3)

(1) 質問 : Qu'est-ce que　vous avez fait　à Montmartre ?
　　鈴木 : D'abord, (　　　　　　　)　le Sacré-Cœur.
　　　　　Puis, (　　　　　　　　)　des cartes postales.
　　　　　Et (　　　　　　) une bière　dans un café.

(2) 質問 : Qu'est-ce que　vous avez fait　au Quartier latin ?
　　鈴木 : D'abord, (　　　　　　　)　la Sorbonne.
　　　　　Puis, (　　　　　　　　)　un livre.
　　　　　Et (　　　　　) un jus de fruit　dans un café.

(3) 質問 : Qu'est-ce que　vous avez fait　dans l'île de la Cité ?
　　鈴木 : D'abord, (　　　　　　　)　Notre-Dame.
　　　　　Puis, (　　　　　　　　)　un porte-clés.
　　　　　Et (　　　　　　) une glace　dans un café.

練習 7　複合過去（1人称の主語）　🎧 2-47

練習 2 の(2)を参考に、visiter, déjeuner, faire を使って会話文を完成させましょう。今回は答えているのが、田中夫妻であったり、鈴木氏1人であったりします。リピート練習の後、ペアで会話練習を行います。

(1) 質問 : Qu'est-ce que　vous avez　　　　　　　　　fait hier ?
　　夫妻 : Le matin, (　　　　　　　　　　　)　le Centre Pompidou.
　　　　　(　　　　) dans　　　　　　　　　　un fast-food.
　　　　　L'après-midi, (　　　　　　　　　)　les magasins.

(2) 質問 : Qu'est-ce que　vous avez　　　　　　　　　fait hier ?
　　鈴木 : Le matin, (　　　　　　　　　　　)　le musée d'Orsay.
　　　　　(　　　　) dans　　　　　　　　　　(　　　　　　).
　　　　　L'après-midi, (　　　　　　　　　) (　　　　　　).

(1)　(2)

(3) 質問 : Qu'est-ce que vous avez fait hier ?
鈴木 : Le matin, (　　　　) (　　　　).
(　　) dans un café.
L'après-midi, (　　　　) une promenade.

(4) 質問 : Qu'est-ce que vous avez fait hier ?
夫妻 : Le matin, (　　　　) le Louvre.
(　　) dans (　　　　).
L'après-midi, (　　　　) des achats.

(3) 　　(4)

練習 8　複合過去（3人称の主語）　🎧 2-48

練習 3 の学習内容を会話文にしました。会話(1)にならって、残りの会話を完成させましょう。動詞は manger, boire を使います。

(1) A : D'habitude, Alice mange un gâteau.
B : Oui, mais hier, elle n'a pas mangé de gâteau.
Elle a mangé un fruit.

(2) A : D'habitude, Léo (　　　) (　　　).
B : Oui, mais hier, (　　　) (　　　) (　　　).
(　　　) (　　　) (　　　).

(3) A : D'habitude, M. et Mme Martin (　　　) (　　　).
B : Oui, mais hier, (　　　) (　　　) (　　　).
(　　　) (　　　) (　　　).

(4) A : D'habitude, M. et Mme Martin (　　　) (　　　).
B : Oui, mais hier, (　　　) (　　　) (　　　).
(　　　) (　　　) (　　　).

(1) Alice　gâteau (*m.*)　fruit (*m.*)
(2) Léo　riz (*m.*)　pain (*m.*)
(3) M. et Mme Martin　thé (*m.*)　café (*m.*)
(4) M. et Mme Martin　vin (*m.*)　eau (*f.*) minérale

15課 複合過去（助動詞 être）

説明 1　複合過去（助動詞 être）　🎧 2-49

助動詞に être を使う複合過去では、主語と過去分詞の一致が行われます。助動詞 être を使うのは、自動詞のうちの、主に移動（行く・来る・登る・降りる等）を表す動詞です。

複合過去 ＝ 主語 ＋ 助動詞 être の活用形 ＋ 過去分詞（主語との一致あり）

arriver	je suis arrivé(e)	nous sommes arrivé(e)s
	tu es arrivé(e)	vous êtes arrivé(e)(s)
	il est arrivé	ils sont arrivés
	elle est arrivée	elles sont arrivées

練習 1　複合過去（助動詞 être）

❶ entrer を複合過去に活用させましょう。

❷ partir を複合過去の否定形に活用させましょう。否定形は助動詞 être を ne... pas ではさんで作ります。

練習 2　複合過去（助動詞 être）

選択肢から動詞を選んで、会話を完成させましょう。

(1) パリ観光に来ている太郎が質問を受けています。　**選択肢**　arriver, entrer, partir, sortir.

　　質問 : Qu'est-ce que vous avez fait hier matin ?

　　太郎 : Je (　　　　　　　　　　　　　　) de l'hôtel à 9 heures.

　　　　　(　　　　　　　　　　　　　　) au Louvre à 10 heures.

　　　　　(　　　　　　　　　　　　　　) dans le musée,

　　　　　et (　　　　　　　　　　　　　　) du musée à 2 heures.

(2) 今度はパリ観光に来ている花子です。　**選択肢**　aller, descendre, monter.

　　質問 : Qu'est-ce que vous avez fait hier après-midi ?

　　花子 : Je (　　　　　　　　　　　　　　) à la tour Eiffel.

　　　　　(　　　　　　　　　　　　　　) à la Tour à 1 heure,

　　　　　(　　　　　　　　　　　　　　) à 3 heures.

(3) パリ観光に来ている佐藤夫妻が質問を受けています。　**選択肢**　aller, rentrer.

　　質問 : Qu'est-ce que vous avez fait hier soir ?

　　佐藤夫妻 : Nous (　　　　　　　　　　　　　　) au restaurant à 7 heures.

　　　　　Et (　　　　　　　　　　　　　　) à l'hôtel à 10 heures.

練習3　複合過去（否定形）

選択肢から動詞を選んで、会話を完成させましょう。否定形も使います。

(1) Mila と Enzo は恋人同士ですが、昨日ベルサイユ宮殿の見学中にけんかをして、別行動になってしまいました。Mila が質問を受けています。

選択肢　entrer, rester, sortir.

質問 : Vous êtes allés ensemble au château de Versailles, non ?

Mila : Oui, nous (　　　　　　　　) ensemble dans le château.

　　　　Mais il (　　　　　　　　) avec moi.

　　　　Il (　　　　　　　　) dans le château.

(2) その後仲直りした2人でしたが、今度はエッフェル塔見学中に、またけんかをして、別行動になってしまったようです。Enzo が質問を受けています。　選択肢　descendre, monter, rester.

質問 : Après, vous êtes allés ensemble à la tour Eiffel, non ?

Enzo : Oui, nous (　　　　　　　　) ensemble à la Tour.

　　　　Mais elle (　　　　　　　　) avec moi.

　　　　Elle (　　　　　　　　) en haut.

練習4　複合過去のまとめ

選択肢から動詞を選び、助動詞に注意しながら会話を完成させましょう。

(1) 選択肢　aller, faire, monter, voir.

　　質問 : Qu'est-ce que tu (　　　　　　) hier ?

　　二郎 : (　　　　　　) à la tour Eiffel. (　　　　　　) à la Tour, et

　　　　　(　　　　　　) la ville de Paris.

(2) 選択肢　faire, monter, partir, visiter.

　　質問 : Qu'est-ce que vous (　　　　　　) hier ?

　　花子 : (　　　　　　) de l'hôtel à 9 heures.

　　　　　(　　　　　　) Notre-Dame, et (　　　　　　) à la tour.

　　　　　　　　　注：この la tour はノートルダム寺院の塔です。

(3) 選択肢　faire, rentrer, manger, aller.

　　質問 : Qu'est-ce que (　　　　　　) hier ?

　　田中夫妻 : (　　　　　　) au restaurant, et (　　　　　　) des escargots.

　　　　　　　(　　　　　　) à l'hôtel à 10 heures.

練習5

家族とパリ観光中の太郎の発言です。なぜ、別行動になったのですか。

« Hier soir, ma famille est allée à un restaurant pour manger des escargots. Je ne suis pas allé à ce restaurant. Je suis resté à l'hôtel parce que je n'aime pas les escargots. »

練習6　複合過去（1・2人称の主語）

❶ 時刻のリピート練習をしましょう。🎧 2-50

　　1 heure,　2 heures,　3 heures,　　4 heures,　　5 heures,　6 heures,　7 heures,
　　8 heures,　9 heures,　10 heures,　11 heures,　midi,　　minuit

❷ パリ観光に来ている太郎が質問を受けています。選択肢から動詞を選び、会話を完成させ、リピート練習をしてからペアで会話を繰り返しましょう。🎧 2-51

(1) 昨日の午前中について

　　arriver,　entrer,　faire,　partir,　sortir

　　質問 : Qu'est-ce que vous　　　　（　　　　　　）　　hier matin ?
　　太郎 :（　　　　　　）　　　de l'hôtel　　　　à 9 heures.
　　　　　（　　　　　　）　　　au musée d'Orsay　à 10 heures.
　　　　　（　　　　　　）　　　dans　　　　　　　le musée,
　　　　et（　　　　　　）　　　du musée　　　　　à 5 heures.

(2) 昨日の午後について

　　aller,　descendre,　faire,　monter

　　質問 : Qu'est-ce que vous （　　　　　　）　　hier　　　après-midi ?
　　太郎 :（　　　　　　　　　　）　　à Notre-Dame.
　　　　　（　　　　　　　　　　）　　à la tour　　　à 1 heure,
　　　　et（　　　　　　　　　　）　　à 2 heures.

(3) 昨日の夕方について

　　rentrer,　faire,　aller

　　質問 : Qu'est-ce que vous　　　　（　　　　　　　）　　hier soir ?
　　太郎 :（　　　　　　　　）　　à l'Opéra　　　　à 7 heures.
　　　　　Et（　　　　　　　）　　à l'hôtel　　　　à minuit.

64

15課

練習7　複合過去（1人称複数の主語）　🎧 2-52

パリ観光をした佐藤夫妻が質問に答えています。選択肢の動詞を選び会話を完成させ、会話練習をしましょう。　**選択肢**　arriver, entrer, faire, partir, sortir.

質問：Qu'est-ce que vous　　（　　　　　　　）　hier ?
夫妻：Nous　（　　　　　　　）　de l'hôtel　　　　à 9 heures.
　　　Nous　（　　　　　　　）　au Louvre　　　　à 10 heures.
　　　Nous　（　　　　　　　）　dans le musée,
　　　et nous（　　　　　　　）　du musée　　　　à 3 heures.

練習8　複合過去（3人称の主語, 否定形）　🎧 2-53

友だち A と B が、カップルの Mila と Enzo の噂話をしています。Mila と Enzo はパリ観光の途中で、何回もけんかをし、そのたびに別行動になったのです。[ ] の選択肢から動詞を選んで会話を完成させてから、会話練習をしましょう。

(1) まず、エッフェル塔でけんか　[aller, descendre, monter, rester]

　　A : Mila et Enzo （　　　　　）　ensemble　　à la tour Eiffel, non ?
　　B : Oui, ils　　（　　　　　）　ensemble　　à la Tour.
　　　　Mais Mila　（　　　　　）　avec　　　　Enzo.
　　　　Elle　　　 （　　　　　）　en haut.

(2) 仲直りした後、パンテオンで再びけんか　[aller, entrer, rester, sortir]

　　A : Enzo et Mila （　　　　　）　ensemble　　au Panthéon, non ?
　　B : Oui, ils　　（　　　　　）　ensemble dans　le Panthéon.
　　　　Mais Mila　（　　　　　）　avec　　　　Enzo.
　　　　Elle　　　 （　　　　　）　dans　　　　le Panthéon.

発音　ch [ʃ], qu [k]（英語との違いに注意）　🎧 2-54

ch [ʃ]　→　<u>ch</u>âteau, a<u>ch</u>eter, bateau-mou<u>ch</u>e, a<u>ch</u>at

qu [k]　→　<u>Qu</u>'est-<u>qu</u>e vous avez fait ? <u>qu</u>itter, ban<u>qu</u>e

不定詞 過去分詞	直説法 現在	直説法 半過去	不定詞 過去分詞	直説法 現在	直説法 半過去
1. er 動詞として **dîner** dîné	je dîne tu dînes il dîne n. dînons v. dînez ils dînent	je dînais tu dînais il dînait n. dînions v. dîniez ils dînaient	8. **descendre** descendu	je descends tu descends il descend n. descendons v. descendez ils descendent	je descendais tu descendais il descendait n. descendions v. descendiez ils descendaient
2. ir 動詞として **choisir** choisi	je choisis tu choisis il choisit n. choisissons v. choisissez ils choisissent	je choisissais tu choisissais il choisissait n. choisissions v. choisissiez ils choisissaient	9. **devoir** dû	je dois tu dois il doit n. devons v. devez ils doivent	je devais tu devais il devait n. devions v. deviez ils devaient
3. **aller** allé	je vais tu vas il va n. allons v. allez ils vont	j' allais tu allais il allait n. allions v. alliez ils allaient	10. **écrire** écrit	j' écris tu écris il écrit n. écrivons v. écrivez ils écrivent	j' écrivais tu écrivais il écrivait n. écrivions v. écriviez ils écrivaient
4. **appeler** appelé	j' appelle tu appelles il appelle n. appelons v. appelez ils appellent	j' appelais tu appelais il appelait n. appelions v. appeliez ils appelaient	11. **entendre** entendu	j' entends tu entends il entend n. entendons v. entendez ils entendent	j' entendais tu entendais il entendait n. entendions v. entendiez ils entendaient
5. **avoir** eu	j' ai tu as il a n. avons v. avez ils ont	j' avais tu avais il avait n. avions v. aviez ils avaient	12. **être** été	je suis tu es il est n. sommes v. êtes ils sont	j' étais tu étais il était n. étions v. étiez ils étaient
6. **boire** bu	je bois tu bois il boit n. buvons v. buvez ils boivent	je buvais tu buvais il buvait n. buvions v. buviez ils buvaient	13. **faire** fait	je fais tu fais il fait n. faisons v. faites ils font	je faisais tu faisais il faisait n. faisions v. faisiez ils faisaient
7. **commencer** commencé	je commence tu commences il commence n. commençons v. commencez ils commencent	je commençais tu commençais il commençait n. commencions v. commenciez ils commençaient	14. **lever** levé	je lève tu lèves il lève n. levons v. levez ils lèvent	je levais tu levais il levait n. levions v. leviez ils levaient

不定詞 / 過去分詞	直説法 現在	直説法 半過去	不定詞 / 過去分詞	直説法 現在	直説法 半過去
15. **manger** mangé	je mange tu manges il mange n. mangeons v. mangez ils mangent	je mangeais tu mangeais il mangeait n. mangions v. mangiez ils mangeaient	22. **réduire** réduit	je réduis tu réduis il réduit n. réduisons v. réduisez ils réduisent	je réduisais tu réduisais il réduisait n. réduisions v. réduisiez ils réduisaient
16. **mettre** mis	je mets tu mets il met n. mettons v. mettez ils mettent	je mettais tu mettais il mettait n. mettions v. mettiez ils mettaient	23. **savoir** su	je sais tu sais il sait n. savons v. savez ils savent	je savais tu savais il savait n. savions v. saviez ils savaient
17. **ouvrir** ouvert	j' ouvre tu ouvres il ouvre n. ouvrons v. ouvrez ils ouvrent	j' ouvrais tu ouvrais il ouvrait n. ouvrions v. ouvriez ils ouvraient	24. **sortir** sorti	je sors tu sors il sort n. sortons v. sortez ils sortent	je sortais tu sortais il sortait n. sortions v. sortiez ils sortaient
18. **partir** parti	je pars tu pars il part n. partons v. partez ils partent	je partais tu partais il partait n. partions v. partiez ils partaient	25. **venir** venu	je viens tu viens il vient n. venons v. venez ils viennent	je venais tu venais il venait n. venions v. veniez ils venaient
19. **pouvoir** pu	je peux tu peux il peut n. pouvons v. pouvez ils peuvent	je pouvais tu pouvais il pouvait n. pouvions v. pouviez ils pouvaient	26. **voir** vu	je vois tu vois il voit n. voyons v. voyez ils voient	je voyais tu voyais il voyait n. voyions v. voyiez ils voyaient
20. **prendre** pris	je prends tu prends il prend n. prenons v. prenez ils prennent	je prenais tu prenais il prenait n. prenions v. preniez ils prenaient	27. **vouloir** voulu	je veux tu veux il veut n. voulons v. voulez ils veulent	je voulais tu voulais il voulait n. voulions v. vouliez ils voulaient
21. **répéter** répété	je répète tu répètes il répète n. répétons v. répétez ils répètent	je répétais tu répétais il répétait n. répétions v. répétiez ils répétaient			

著者紹介

井上　美穂（いのうえ　みほ）
　　上智大学非常勤講師

フローレンス・容子・シュードル（Florence Yoko SUDRE）
　　慶應義塾大学非常勤講師

書く・読む・聞く・話す フランス語 1
（4技能）

2018年 3月15日　初版発行
2022年 1月15日　3版発行

著　者　井　上　美　穂
　　　　F.-Y. シュードル
発行者　藤　井　嘉　明
印刷所　幸和印刷株式会社

発行・発売　トレフル出版
〒240-0022　横浜市保土ヶ谷区西久保町111
有限会社 夢舎工房内
TEL 045-332-7922 / FAX 045-332-7922
https://www.trefle.press

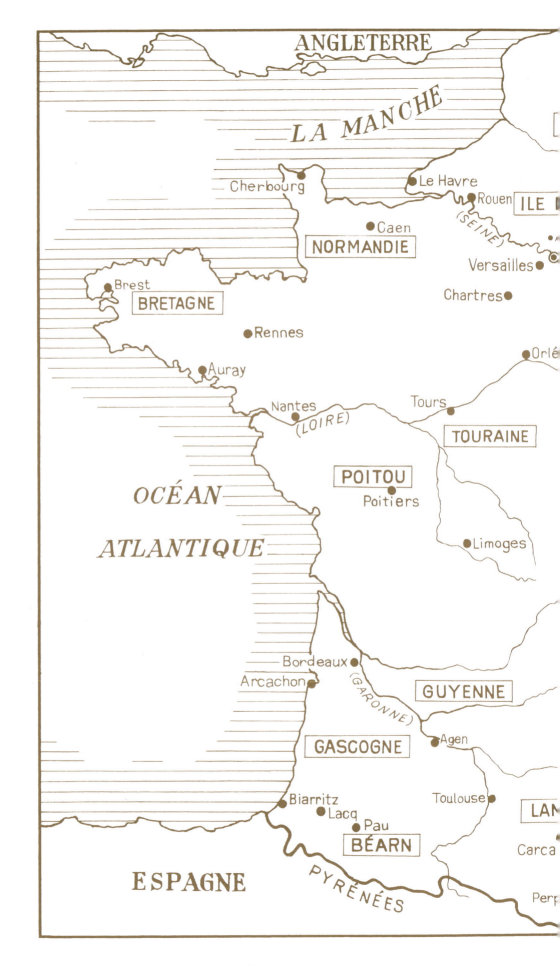